# 探谜明孝陵

王 韦 ◎著

东南大学出版社
SOUTHEAST UNIVERSITY PRESS
·南京·

## 图书在版编目(CIP)数据

探谜明孝陵 / 王韦著. — 南京：东南大学出版社，2023.10

ISBN 978-7-5766-0514-3

Ⅰ.①探… Ⅱ.①王… Ⅲ.①陵墓－中国－明代－通俗读物 Ⅳ.①K928.76-49

中国版本图书馆 CIP 数据核字(2022)第 241875 号

责任编辑：马 伟　　责任校对：李成思
封面设计：顾晓阳　　责任印制：周荣虎

**探谜明孝陵**
Tanmi Mingxiaoling

| | |
|---|---|
| 著　　者 | 王 韦 |
| 出版发行 | 东南大学出版社 |
| 社　　址 | 南京市四牌楼 2 号(邮编：210096　电话：025-83793330) |
| 出 版 人 | 白云飞 |
| 经　　销 | 全国各地新华书店 |
| 印　　刷 | 南京京新印刷有限公司 |
| 开　　本 | 890 mm×1240 mm　1/32 |
| 印　　张 | 7.125 |
| 字　　数 | 189 千字 |
| 版　　次 | 2023 年 10 月第 1 版 |
| 印　　次 | 2023 年 10 月第 1 次印刷 |
| 书　　号 | ISBN 978-7-5766-0514-3 |
| 定　　价 | 28.00 元 |

本社图书若有印装质量问题，请直接与营销部联系，电话：025-83791830。

# 前言
PREFACE

明孝陵是明朝开国皇帝朱元璋与皇后马氏的合葬陵寝,始建于洪武十四年(1381),次年葬入马皇后,1398年朱元璋入葬,到永乐十一年(1413)建"大明孝陵神功圣德碑",前后历时32年以上。明孝陵规模宏大,环绕陵寝的外郭红墙周长达到南京京城城墙总长的三分之二以上。明孝陵布局有序,地面主要建筑有下马坊、大金门、神功圣德碑、神道石刻、棂星门、金水桥、陵宫门(文武方门)、井亭、享殿前门(碑殿)、享殿、左右配殿、享殿后门(内红门)、升仙桥、方城明楼、宝城、宝顶等,至今仍保持着原有建筑的真实性和空间布局的完整性。山体、水系、林木等均作为构成要素经过统一规划和精心布置,当时还"植松树十万株,养鹿千头"。其神秘完善的风水选址、绕山而行的曲折神道、科学自然的排水体系、典范风格的建筑技艺,构成了一项具有创造性的皇家陵寝工程杰作。作为承前启后之集大成者,明孝陵所开创的陵寝制度,规范了明清两代500多年20多座帝陵建设的总体格局与风貌,在中国帝陵发展史上具有里程碑地位。1961年国务院公布明孝陵为全国重点文物保护单位。2003年7月3日,经联合国教科文组织世界遗产委员会第27届会议审议通过,明孝陵作为明清皇家陵寝扩展项目列入《世界遗产名录》。

习近平总书记出席文化传承发展座谈会时指出:"只有全面深入了解中华文明的历史,才能更有效地推动中华优秀传统文化创造性转化、创新性发展,更有力地推进中国特色社会主义文化建设,建设中华民族现代文明。"普及中华文明的历史,让更多人了解自己的文明、传承自己的文明,无疑是新时代文史工作者的重要使命。就帝王陵寝而言,它是中国古代建筑中最受重视的"宠儿",从规划设计到组织营造,倾注了无数人的智慧与心血。如果说宗教建筑是西方建筑的典范,帝王陵寝则是中国建筑的代表,对其研究解读也是对中国历史文化、建筑工程技艺、环境和谐理念、"天人合一"思想、丧葬礼仪文化等诸多具有当代价值方面的阐释与发扬。

早在2006年,明孝陵博物馆即推出过普及性读物《南京明孝陵之谜》,颇受读者欢迎,库存也早已售罄。十几年来,作为世界文化遗产,明孝陵本体及相关研究均取得了长足的进步,如何将新的研究成果普及到大众读物之中,如何阐释提炼、弘扬优秀传统文化精神,都是从业者亟待着手的工作,于是便有了本书的诞生。结构上,本书从选址与风水、人物与轶事开始讲起,再按照下马坊、神功圣德碑、神道、陵宫前朝、陵宫后寝的建筑空间顺序分章叙述,以丧葬与祭祀作为结尾,最后将历代保护、申报世界遗产以及明功臣墓以章外篇形式展现。内容上,比较分析了明清帝陵相关史料,吸收明孝陵近20年各种研究成果,对典章名物的来龙去脉,包括古人在内的文献论断进行了考证,对诸如帝后丧仪、地宫金井等以往略说或未曾提及的重要内容予以补充完善。另外,尽可能收录不同学术观点,如明陵地宫是否只存在定陵五殿结构一种形式等,旨在竭力提供更为开阔的视野与丰富多元的解释。

本书取名《探谜明孝陵》,原不过是为了迎合大众的猎奇心理,颇有"标题党""吸睛"之嫌。但策划之初确也寄望于笔者对明史、明孝陵资料的长年积累,以及钩深索隐、镂肝鉥肾的研究精神,奉献又一本不仅限于明孝陵建筑布局基本描述和解读,而更侧重为读者揭示匆匆一瞥间难以感受与品味的历史文化底蕴的书籍。《探谜明孝陵》虽被定位为普及性读物,但其内容深度、研究角度较以往相关著述,已有相当程度的延伸拓展。俗语说"按下葫芦浮起瓢",当年《南京明孝陵之谜》一书中一些悬而未决的问题在本书中已有解答,但或许又平添了更多的问题,这也是在原来基础上不断迈向深入的必然,亦无妨于读者从中获取有益的启示与想象的空间。

# 目 录
CONTENTS

**第一章　选址与风水** …………………… 001

第一节　钟山何以成为南京象征？
　　　　…………………… 003

第二节　明孝陵选址故事有哪些？
　　　　…………………… 006

第三节　独龙阜的风水好在哪儿？ … 008

第四节　朱元璋"以礼遣之"的僧人是何方神圣？ …………………… 010

第五节　守门当如孙仲谋 ………… 013

第六节　孙权陵墓为何称蒋陵？ … 015

第七节　孙权墓址何处寻？ ……… 017

**第二章　人物与轶事** …………………… 019

第一节　朱元璋相貌之谜 ………… 021

第二节　朱元璋的学历与文化之谜
　　　　…………………… 024

第三节　"御笔"还是"代笔"？——朱元璋书法之谜 …………… 027

| | | |
|---|---|---|
| 第四节 | 朱元璋历史地位长盛不衰之谜 | 031 |
| 第五节 | 马皇后真有一双大脚吗？ | 034 |
| 第六节 | 马皇后为什么被称为贤德皇后？ | 038 |
| 第七节 | 朱元璋对马皇后的感情有多深？ | 042 |
| 第八节 | 三登帝位的太子——朱标传奇 | 045 |
| 第九节 | 明孝陵工程主持者李新被诛之谜 | 049 |

## 第三章　下马步趋大金门 …… 053

| | | |
|---|---|---|
| 第一节 | 下马坊规模及历史位置之谜 | 055 |
| 第二节 | 下马坊朝向与双面刻字之谜 | 058 |
| 第三节 | "钟山"为何改名"神烈山"？ | 060 |
| 第四节 | "禁约碑"因何而立？ | 062 |
| 第五节 | 近年出土的"龙纹石刻"用途之谜 | 064 |
| 第六节 | "观音阁大石壁"之谜 | 066 |

## 第四章　永乐的遗产 …… 069

| | | |
|---|---|---|
| 第一节 | 大金门的历史文化价值有多高？ | 071 |
| 第二节 | 明代孝陵范围有多大？ | 073 |
| 第三节 | 神功圣德碑上都写了啥？ | 076 |
| 第四节 | 驮碑的动物究竟叫啥？ | 079 |
| 第五节 | 烂尾工程——"世界上最大碑材"之谜 | 081 |
| 第六节 | 碑材与弃碑之谜 | 084 |

## 第五章　蜿蜒的神道 …… 089

| | | |
|---|---|---|
| 第一节 | 神道布局弯曲之谜 | 092 |
| 第二节 | "北斗七星"说的是与非 | 095 |
| 第三节 | 石兽题材选择之谜 | 097 |
| 第四节 | "出口回销"的"翁仲"与望柱位置之谜 | 100 |

## 目 录

- 第五节　石人是"武将""文臣"吗？ ········· 102
- 第六节　神道及石像生建造时间之谜 ········· 106
- 第七节　地标上业已消逝的民间风俗 ········· 108
- 第八节　"石象路"还是"石像路"？ ········· 109

### 第六章　陵宫区的前朝 ········· 113

- 第一节　金水桥数量之谜 ········· 115
- 第二节　"文武方门"称呼之谜 ········· 118
- 第三节　陵宫区正确的进入方式 ········· 121
- 第四节　百余年前的国际范——文保"特别告示"碑 ··· 123
- 第五节　"缩头乌龟"形成之谜 ········· 126
- 第六节　"治隆唐宋"碑与织造曹家 ········· 128
- 第七节　"统战手段"还是"英雄相惜"？——再说"治隆唐宋" ········· 132
- 第八节　最重要的地面建筑享殿里都有啥？ ········· 134

### 第七章　陵宫区的后寝 ········· 137

- 第一节　内红门的前世今生 ········· 139
- 第二节　陵园内最早的休闲服务设施 ········· 140
- 第三节　升仙桥与石几筵 ········· 142
- 第四节　方城明楼是明孝陵首创的建筑形式吗？ ········· 144
- 第五节　国学泰斗的"到此一游" ········· 147
- 第六节　"朙"字是写错了吗？ ········· 150
- 第七节　哑巴院与月牙城 ········· 152
- 第八节　明楼里有什么？ ········· 154
- 第九节　宝顶为什么是圆的？ ········· 156

**第八章　丧葬与祭祀** …………………………………… 159

　　第一节　马皇后丧礼流程有哪些? …………………… 161

　　第二节　朱元璋遗诏及速葬之谜 ……………………… 166

　　第三节　朱元璋是否葬于孝陵? ……………………… 170

　　第四节　太子朱标超高规格祭祀之谜 ………………… 172

　　第五节　妃嫔人殉之谜 ………………………………… 175

　　第六节　朱棣生母之谜 ………………………………… 179

　　第七节　神秘的地下宫殿结构之谜 …………………… 183

　　第八节　皇帝皇后都有哪些随葬品? ………………… 189

**章外篇** …………………………………………………… 199

**主要参考资料** …………………………………………… 209

**后　记** …………………………………………………… 219

# 第一章

## 选址与风水

第一章　选址与风水

钟山是南京地区的最高峰，传说南京古称"金陵"即源于钟山。得益于政治中心及六朝都城所在，钟山也成为江南名山及"望秩之所宗"，帝陵、名寺散布其间，名胜古迹俯拾皆是。明朝定都南京，开国皇帝朱元璋选择钟山独龙阜，建造了明代第一座真正意义上的帝陵，这是"形法派"风水理念在帝陵选址中的首次运用，并由此创立了明清两代沿用的陵寝制度。

## 第一节　钟山何以成为南京象征？

钟山主峰海拔448.9米，是南京地区最高的山峰，也是宁镇山脉的主峰。山体呈弧形东西走向，弧口向南，山势南缓北险，东西长约7.1千米，南北最宽处约3千米，分布有沉积、变质、褶曲、断层、节理等各种典型的地质景观。其东段止于马群，西段经太平门附近入城，余脉延伸出富贵山、九华山、北极阁、鼓楼岗、五台山、清凉山等一系列山丘。这些小丘海拔虽然只有几十米，却是南京市内水系的重要分水岭，南面之水，统属秦淮河流域；北面之水，则属于金川河流域。

钟山有三峰，主峰偏北，为海拔最高处，称为北高峰。南朝时即在此广建佛寺，此外，还有六朝梁代昭明太子萧统的读书台和讲经处，以及一人泉、黑龙潭和弹琴石等名胜。第二峰偏于东南，又称小茅山，高约365米，中山陵即建于其下。第三峰偏西南，高约244米，又称天堡山，因太平天国在此建天堡城而得名，紫金山天文台亦建于此。山下的独龙阜，原为六朝古刹开善寺（今灵谷寺前身）旧址，明初被朱元璋选中建孝陵。孝陵前横亘着的梅花山，则是东吴大帝孙权的陵墓所在。

据唐代许嵩《建康实录》记载，钟山最早称金陵山："（楚威王）乃因山立号，置金陵邑也。"南京古称"金陵"来源于此。山的历史自然要早于城，但命名未必如许嵩所言。南京大学张学锋教授认为：楚语中"陵"指居住的地方，引申为聚落，前面加上一个读音，就构成了典型的楚国命名方式。这类地名从宜昌的夷陵开始，呈扇形向东部分布，正是楚人迁徙和扩张的轨迹，金陵只是其中的一个，附近还有秣陵、铜陵、南陵、广陵等。

相传三国时，诸葛亮曾路过南京，登石头城观看地形后赞叹："钟山龙盘，石头虎踞，此乃帝王之宅也。""龙盘（蟠）虎踞"就此成为南京的象征，钟山也因此闻名遐迩。229年，孙权迁都建业（今南京）。为避祖父名讳，改称钟山为蒋山。此"蒋"是指汉末秣陵（秦汉时南京古称）县尉蒋子文，他因追捕盗贼殉职于钟山，继而被立庙供奉为地方保护神。

后来中原纷乱，晋室南渡，"望气者云，蒋山上有紫气，时时晨现"。从科学角度解释，大概是山体砂岩、砂砾岩在太阳照射下呈现出的颜色。不过颠沛流离中，这种"王气"的说法无疑起到了稳定人心的巨大作用。

南京地位在唐代有所下降，但钟山不减。唐代《地理志》记："江南名山，惟衡、庐、茅、蒋。蒋山固无耸拔万丈之势，其与三山并称者，盖为望秩之所宗也。"意思是钟山虽没有高耸挺拔的山势，但却是帝王祭祀山川的地方。

"蒋山"之名大约在北宋时被"钟山"取代，并且南宋《景定建康志》、元《至正金陵新志》中，只有"钟山""蒋山"两种称呼。宋代直至明代前中期，"钟山"均为正式称呼，如王安石脍炙人口的诗句"钟山只隔数重山"、《明太祖实录》中"赐葬钟山之阴"的历史记载等。

明代嘉靖《南畿志》开始有了紫金山之称，并引用晋元帝渡江有紫气的史料说源于此，包括后来明清地方志皆沿用此说。但据做过朱元璋亲兵的俞本在《纪事录》中的记载，因为选中钟山做墓穴，朱元璋给其起了"紫金山"的名称。1531年，明嘉靖帝为抬高生父地位，封生父显陵为"纯德山"，考虑配套一体，封祖陵为"基运山"、皇陵为"翔圣山",将钟山"凑单"改名"神烈山"。

明清易代,神烈山这样的名称不宜再用,于是用回"钟山"的称谓,而民间多称"紫金山"。《清文宗实录》中,咸丰三年(1853)在太平天国战事的奏报中,钦差大臣向荣大概也受到影响,报称"剿营紫金山"。

民国时,"钟山"与"紫金山"两称并存,但"紫金山"由民间称谓渐变为官方称呼,其使用频率更高,至今依然。

作为南京的主山,钟山位列历代南京方志中山川之首。2000多年的城市发展,在钟山留下了悠久的历史文脉和丰富的文物资源,尤以六朝、明初、民国三个时期为最。今天钟山方圆31平方公里内,分布各类文物古迹200多处,其中世界文化遗产1处,国家级文保单位16处,省市级文保单位30处。

特别值得一说的是,钟山地层记录了古南京地区地壳演化的历史。钟山地层由于发育完全、岩浆类型多样、地质构造典型,所以很早就成为中国地质学研究和教学实习的场所,不少地质专有名词和地质对比标均采自这里,如三叠纪黄马青组、范家塘组,侏罗纪钟山组等。

钟山全景

## 第二节　明孝陵选址故事有哪些？

古人非常重视自己的身后事，深信葬于一处好的墓穴，可福及子孙后代，而帝王陵寝，更事关王朝国运的昌盛与否。钟山作为南京最重要的山脉，又是诸葛亮口中"龙盘"之地，自然会吸引定都南京朱元璋的注意。不过，钟山方圆约 31 平方公里，哪里才是"真龙天子"理想的"龙蜕"之地呢？

因关系重大，帝王陵寝的选址必须慎之又慎，查勘一年以上，罗列几处备选地点，属于常规操作，所谓"三年寻龙，十年点穴"。但明孝陵选址却有些特别，张岱《陶庵梦忆》中说，朱元璋亲自带着精通风水的刘基，以及亲信徐达、汤和在钟山寻访，让各人写下意见藏于袖中，结果三人不约而同写下了"独龙阜"，墓址遂定。

故事的传说色彩甚浓，以朱元璋乾纲独断的个性，如此重要的事大概不会听由别人做主。类似还有个阳宅的选址故事，张瀚《松窗梦语·堪舆纪》中说，当年朱元璋修建皇宫，命刘基规划，置桩定界，结果马皇后说："天下由汝自定，营建殿廷何决于刘也！"于是朱元璋连夜"微操"，变更了木桩位置。刘基看后无奈地说："如此固好，但后世不免迁都耳。"

同书也记载了选陵址故事的另一个版本，即朱元璋在钟山查访，觉得累了，便在一座僧人坟冢上休息。他问身边的刘基："汝观穴在何处？"刘基答道："龙蟠处即龙穴也。"朱元璋一惊，此处已是僧冢，怕多有不便。刘基说："以礼遣之。"朱元璋却又豪情万丈了，说："普天吾土，何以礼为！"随即命人挖开僧人坟冢，发现其中以两瓮上下覆之，移开只见其中僧人"面如生，鼻柱下垂至膝，指爪旋绕周身，结跏趺坐于中"。众人惊愕，不敢继续再挖。朱元璋只得亲自拜告，遂顺利移葬其

## 第一章 选址与风水

于五里之外。

三人定穴也好，移葬僧冢也罢，无非说明独龙阜是块人所公认的风水宝地。而选址无论是出于诸人共识还是刘基建议，最终拍板决定的都是朱元璋。俞本《纪事录》记载："上（朱元璋）见钟山崒嵂，前有方山，上平而四面俱方，居湖中，巍然势如捧玺，后临长江。……林木荫森，鸟道盘折，下视石城，故曰：'钟山龙蟠，石城虎踞。'上悦之，以为帝王真穴，欲定寿宫。"

古代很多帝王即位不久便开始建造陵寝，一般耗时五至十年，长的甚至需要几十年。《纪事录》是编年体，此条记于洪武十三年（1380），所以这应该就是朱元璋选定陵址的时间，这时他53岁，对古人来说算是"老人"了，着手营建陵寝也属正常之举。早在洪武二年（1369），大将常遇春病逝，即被朱元璋赐葬钟山之阴。之后洪武十二（1379）、十三（1380）年，陆续又有四位功臣赐葬钟山之阴。而山阳未见赐葬记载，或许他早已有意归葬钟山之阳。

选址独龙阜（插图）

## 第三节 独龙阜的风水好在哪儿？

所谓"风水"，是指一种确定住宅（阳宅）和墓葬（阴宅）的方位、朝向、布局、营建日期等的术数，其好坏直接影响到子孙后世的兴旺与否。风水观念先秦时即已有之，秦汉时颇具影响，魏晋时体系初成。到了唐宋时期，逐渐形成了"形法派"和"理气派"两大流派。

形法派注重自然地貌、讲求山川形势，起自江西，所以常称"江西派"或"赣派"；理气派强调五行八卦、方位理气，以福建最盛，所以也称"福建派"或"闽派"。赣派多饱学之士，他们谙熟风水术的精华，能触类旁通，将其运用到建宅、筑城、宫殿以及军事等诸多领域，元大都的选址人刘秉忠和明代的刘基都是其中的代表者。

闽派多为社会下层，他们粗通文墨，虽也谙熟一方风土，但受制于文化局限，因而去繁就简，编制口诀，借助罗盘，以此为生。明清时期，赣派取得压倒性优势，并成为"读书人"的风水学。闽派则弱而不绝，一方面是社会下层仍有其市场，另一方面在无地貌特征的平原或城市内部，也有用武之地。所以高等级墓葬风水的选择上，不仅在形势上讲求来龙有势、地脉悠远、砂水有情，同时也强调各陵墓的理气朝向，因而两派合而用之的情况非常普遍。

唐宋时理气派占据主导地位，赵匡胤等宋代皇帝尤为崇信"五音姓利"说。即根据逝者的姓氏发音纳入"宫商角徵羽"相谐之音，综合年龄、命相，选择下葬的"吉日""吉时"，最后以八卦确定墓和穴的朝向。历经"靖康之变"的惨败，南宋帝陵在微观布局上偏向形法派观念，但宏观选址仍首重音利。朱熹还为此上书直言："'国音之说'为无用之谈，从之未必为福，不从未必为祸矣！"而在民间，形法派已占据优势。元明之际，以王祎的说法："（形法派）其学盛行于今，大江以南无不遵之者。"

形法派讲求藏风聚气、环境优美的小环境,风水"地理五诀"等要素。"地理五诀"——龙、穴、砂、水、向。"龙"一般指山川,高低起伏、绵延盘亘的山川势相联属则为龙脉,在平原丘陵地带则把高出地面、连绵不断的"垄"作为龙;穴,指死者的葬地或生者的住所;砂,指穴周围的山;水,即"水口",指某一区域内水流进或水流出的地方;向,指穴位的朝向。所以,风水选择的一般程序就是寻龙、点穴、察砂、观水、定向。

**明孝陵风水形势示意图**

明皇陵无地宫,封土下墓穴仍保持当初窘迫简葬原样。所以,明孝陵是现存最完整的、首座以形法派风水理论选址规划的帝陵,更可以当作典范去还原、理解形法派的思想。朱元璋墓葬所在的独龙阜是钟山南麓的一个山丘,犹如一座巨大的天然坟茔。钟山三峰构成"三台"之势,周围群山环绕,如同"真龙"。"砂"是与主龙相伴的小山,尤指穴场周围层层环绕的山体。砂的作用是挡风,使墓穴或居处的生气凝聚,不致散去。同时,"砂"又可以为"龙"增势,锦上添花。从独龙阜向北看,作为祖山龙脉的钟山山脉呈弧形,弧口朝南,随山势缓缓下降至此,是为"玄武低头"。独龙阜东北山中有水流出,蜿蜒盘旋,徐徐汇入西南的前湖之中,是为"朱雀翔舞"。独龙阜之东,钟山山脉往南延伸为各座小山,绵延不断,是为"青龙蜿蜒"。独龙阜之西,有一条山脊,地势低于独龙阜,此为"白虎驯頫"。故独龙阜作为墓穴所在,可谓"藏风聚气,四象俱佳"。话说回来,即便不具备风水思想,这块好山好水的好地方被人看上也不足为奇。

## 第四节　朱元璋"以礼遣之"的僧人是何方神圣?

相中独龙阜并且葬入,还在笔记小说中让唯我独尊的朱元璋低头的僧人,便是南朝神僧宝志和尚。

宝志历史上真有其人,佛教典籍《高僧传》、二十四史中《南史》均有其传。宝志又称保志,或尊称志公,436年生于建康东阳(今江苏南京栖霞区东阳镇)。一位朱姓妇女去井边打水,听见古树上传来婴儿的啼哭声,在树上的鹰巢里发现了他,于是将其带回抚养,因此传说宝志有一双鹰爪般的手。

七岁时,宝志到道林寺当了小和尚。成年后"忽如僻异",突然变得不大正常了。他居无定所,饮食无常,常披发光脚在街上溜达,手持一把锡杖,杖头挂剪刀、镜子或布帛之类,被解读为寓意即将到来的齐梁陈三个朝代。如果把手中物件换成破扇子,便是济公的形象了。这还不是调侃,确实有宝志即济公原型的说法,如清末文人蒋瑞藻在《小说考证》中说:"实则南宋初无济公是人,乃因六朝宋宝志而伪传者也。"

40多岁时,宝志开始显现出神迹,其所作的谶言,称为"志公符",也就是预言,非常灵验,《南史》不少传中有所记载。如《梁本纪》载,宝

## 第一章 选址与风水

志曾为萧衍作诗:"昔年三十八,今年八十三。四中复有四,城北火酣酣。"后来萧衍得到江州刺史陈伯之支持,于502年攻入建康,建立了梁,是为梁武帝,这年萧衍38岁。萧衍83岁时,他舍身当和尚的同泰寺发生火灾,火起之日恰为四月十四日。

《梁书·何敬容传》载,宝志对何敬容说:"君后必贵,终是何败何耳。"后来何敬容做到了宰相,前半句实现了自然担心后半句应验,于是极力打压何姓的人做官。没想到,知道结局也无法改变命运——同音不同字,想象力有限的何敬容最终被河东王萧誉弹劾下台,还是应了河(何)败何的预言。

宝志如此灵验,引得京城达官显贵争相供奉,这让齐武帝很不满,他以妖言惑众的罪名将宝志下狱。不知大师是会分身术还是瞬间转移,第二天人们依然看到"鞋儿破、帽儿破"的宝志招摇过市。齐武帝亲临大牢查验,却见他仍在狱中,只得将他接入皇家华林园以礼相待。

等崇佛的梁武帝当上皇帝,宝志也迎来了自己的巅峰时刻,梁武帝甚至传旨,宝志可以随意出入皇宫。于是宝志常常食宿宫中,与梁武帝讲经论佛。一次,宝志借梁武帝法力,使其见到地狱中的苦痛惨象,梁武帝便问如何解救,宝志称"夙生定业,不可顿灭,惟闻钟声,其苦暂息"。梁武帝便下诏命天下寺院击钟,相传这就是寺庙里多铸钟的由来。天监十三年(514)某日,宝志忽将佛堂中的金刚像搬出,自称"菩萨当去",不几日便无疾而终。

宝志圆寂后,梁武帝重金将宝志葬在钟山独龙阜(即今明孝陵宝顶),并在此建造了一座开善精舍,即灵谷寺的前身。梁武帝的女儿永定公主也出资为宝志建了一座五层宝塔,塔顶嵌有来自西域的琉璃宝珠,所以志公塔也称为"玩珠塔"。

明初朱元璋看中这块地,马上有人心领神会,随后当时寺庙住持仲羲奏请易地改建。既是"神僧",也不能被"强拆"还忍气吞声,于是有了宝志金身不坏,军士无法抬动,朱元璋亲自去谈条件等"钉子户"的传说。清代乾隆皇帝游灵谷寺时,还曾作诗嘲讽:"建陵故迁寺,儒释典俱违。儒固乖忠恕,释仍有是非。旧名殊杳杳,新景自依依。暂向匡床坐,那看花雨霏。"

清代赵翼《檐曝杂记》说,朱元璋为拆迁还卜了一签,得签诗曰:"世间万物各有主,一厘一毫莫乱取。英雄豪杰本天生,也须步步循规矩。"求签之事未必可信,从当过朱元璋亲兵俞本的"梁武帝昏愚,惑释宝公之言,立其像于山巅"的记载,"神僧"大概是没发威展现"神通",否则他也不敢这么大嘴巴了。

不过,一向抠门的朱皇帝这次出奇大方,不仅包揽了迁建寺庙的人工和材料,为新寺赐名"灵谷禅寺",亲书"第一禅林"悬于寺门,还赐田一百五十多顷作为庙产。没过几年,他又为宝志建了座鸡鸣寺,并造五级宝公塔于寺后山巅,可谓是"拆一赔二"。这两所寺庙都是明朝南京信众极多的大寺,至今仍香火不绝。

宝志像

今灵谷景区内宝公塔

## 第五节　守门当如孙仲谋

朱元璋为建陵墓，不惜迁走了神僧宝志的墓塔及古刹，却留下一座陵墓。据明代郎瑛《七修类稿》记载，当时主事者也奏请迁走这座陵墓，朱元璋则大度地说："留为门主。"就是说，留着给我看门吧！此人便是三国时期吴国的建立者孙权孙仲谋。

213年，曹操率大军与孙权在濡须口对峙一月有余，始终占不到半点便宜，面对军容整肃的吴军，曹操不禁感叹："生子当如孙仲谋，刘景升（刘表）儿子若豚犬耳！"传说一千多年后的朱元璋同样肯定了孙权："孙权亦好汉子"，结果"守门当如孙仲谋"！

孙权（182—252），富春（今浙江富阳区）人，据说是著有《孙子兵法》的中国兵圣孙武的后人。史载其紫髯碧眼，目有精光，方颐大口，形貌奇伟异于常人。由于父兄过于勇猛而欠缺沉稳，他18岁时便继承了父兄未竟事业，统领江东。兄长孙策临终前对他说："举江东之众，决机于两阵之间，与天下争衡，卿不如我；举贤任能，各尽其心，以保江东，我不如卿。"孙策没看错，孙权确实是位出色的政治家。

首先，孙吴政权对中国南方经济与社会的开发，影响重大而深远。孙权非常重视农业生产，积极推行开荒屯田。为推广牛耕，孙权将自己拉车的八头牛作为耕牛，组成"四耦"（即用两头牛拉一犁的耦耕）进行示范。他还重视兴修水利工程，积极推广先进的生产工具、技术和作物品种，这些举措都为江南乃至南方农业的兴起奠定了基础。与此同时，南方地区的纺织业、盐铁制造、瓷器制造、商业等诸多领域，都在孙权的治理下获得了长足的进步与发展。

孙吴之后，历经西晋的短暂统一后，周边少数民族先后逐鹿中原，北方地区再次陷入混战与动荡之中。豪门大族大举南渡，下层百姓更是纷纷避祸江南。东晋的建立,宋、齐、梁、陈的兴替,都以建业为都城,都以孙吴旧壤为基本疆域,昔日吴人故土承载着华夏文明延续的正朔。凭借孙吴时期打下的基础,南方汉族政权与北方五胡十六国、北朝得以对抗近三百年。从宏观历史演进的角度来看,自夏商周三代以来,中国经济文化的重心一直位于黄河中下游地区,并逐步自西向东、由北及南转移。在这过程中,正是因为孙吴及其后东晋、南朝的持续开发,江南才成为新的经济文化发达区域。而在黄河、长江两大流域共同繁荣的基础上,才建立起比两汉更为强盛的唐朝。所以,对于孙权及孙吴历史地位的认识和理解,应当放在整个中国历史的视野中去考察,才能窥见其深刻的影响与内涵。

其次,孙权非常重视航运、航海。因为水运和航海的需要,东吴的造船业相当发达,据《南州异物志》记载,东吴船只"大者二十余丈,其高在水三二丈,望之如阁道,载六七百人,物出万斛"。大的战舰,上下有五层,可载兵士3 000人。这种船只规模,在当时世界范围内也是最大最先进的。西晋灭吴时,接收的战船多达5 000余艘,足见孙吴造船实力之强。孙权经常派遣较大规模的船队北航辽东,南至南海。其中,最重要的

孙权像

航海活动要数派将军卫温和诸葛直领兵万人航行到夷洲(今中国台湾地区),这是直航台湾的最早记载。

最后,孙权开启了南京的建都史,从此南京作为都城或区域政治中心的地位难以动摇。抛开"龙盘虎踞"的风水因素不谈,就位置而言,南京占据着"吴头楚尾"的政治经济优势;就其地理形势来看,三面环山,背靠长江天堑,易守难攻的军事优势也是江南得天独厚的条件。所以,无论诸葛亮是否指出南京重要的战略地位,张纮等孙权谋士们也早有关注。211年,孙权自京口(今江苏镇江)徙治秣陵(今江苏南

京），在石头山建石头城。次年改秣陵为建业。229年，孙权在武昌（今湖北鄂州）称帝。同年，将都城自武昌迁至建业。20多年后，孙权之孙孙皓决定迁都武昌，遭到朝野上下的强烈反对，甚至街头巷尾传唱着歌谣："宁饮建业水，不食武昌鱼。宁还建业死，不止武昌居。"东晋和南朝的宋、齐、梁、陈五个政权因循未改，皆定都南京。隋唐以后，南唐、明初、太平天国和中华民国时，也均以此作为都城。共计十朝，450多年的定都史，使南京成为中国历史上的著名古都之一。

## 第六节　孙权陵墓为何称蒋陵？

　　孙权统治江东超过半个世纪，是三国时代在位最久、最长寿的帝王。252年，一代雄主孙权病逝，终年71岁。谥号大皇帝，史称东吴大帝，葬于"蒋陵"。孙权陵墓为何称"蒋陵"呢？这还得从蒋子文与钟山改名说起。

　　东晋干宝《搜神记》中有个"蒋子文成神"的故事：蒋子文是扬州人，汉朝末年任秣陵县尉，他不仅"嗜酒好色，挑达无度"，还整天神神道道，说自己骨相清奇，死后一定成神。有一次，他追击盗贼来到钟山，不幸受伤而死。东吴初年，有过去认识蒋子文的官员在路上见他如同生前模样，乘坐白马，手执白羽扇，侍从跟随左右，声称自己要当土地神，立祠供奉可福佑地方，否则将灾祸频发。不久后，吴地闹起了瘟疫，官员百姓惶恐不已，不少人私下祭祀起了蒋子文。孙权起初也不相信，但城里火灾频发，一天之内居然几十处着火，还烧到了衙署和宫殿。在大臣们的劝说下，孙权"封子文为中都侯，次弟子绪为长水校尉，皆加印绶。为立庙堂。转号钟山为蒋山"。当然，钟山改名还有个重要原因是孙权祖父名"钟"，需要避讳"钟"字。孙权死后葬于钟山，也就是葬于蒋山，因此孙权陵墓称"蒋陵"。南朝山谦之的《丹阳记》说："蒋陵因山以为名，吴大帝陵也。"

　　蒋子文成为民间与官方共同信仰的地方神后，人们对其崇拜蔚然成风。而他的本领也不仅限于土地神了,由止息灾厉到兴云作雨,无所不能。更重要的是,祭奉他还能平民变、靖内乱、御外敌、固城池。萧齐时代,东昏侯滥杀老臣宿将,激起老将崔慧景兵变,从广陵兴兵杀入台城,东昏侯藏到蒋庙的神座下躲过一劫。梁朝时,北魏悍将杨大眼南下犯境,江水无端暴涨六七尺,魏军大败而逃。梁师凯旋后,人们发现庙中蒋神的脚上都沾有湿泥,仿佛随军出征留下的痕迹。类似不断编织的造神故事中,蒋子文俨然成为南朝半壁江山的保护神。所以,他的地位节节上升,由侯封王,再晋级为帝,备受统治者尊崇。南朝皇帝即位的次日,往往要亲自到蒋庙祭祀。当时的普通百姓,更是一遇灾祸便向蒋神求助,每有灵验。

据记载,清代的蒋王庙就在今天李文忠墓对面,原来此处还有一座蒋王庙戏台,称万年台。民国元年(1912),蒋王庙被改为私塾,后又改为小学。戏台在新中国建立后被改为校舍,"文革"中被拆除。所以,今天的蒋王庙已无遗迹可寻,唯有地名仍在使用。祭祀蒋子文的活动还衍生出蒋王庙庙会,这是南京历史上四大庙会之一,历久而不衰。每年农历四月十五,四乡八邻百姓聚集于此,热闹非凡,好似过年一样。直至2005年,因道路拓宽,蒋王庙庙会才正式停办。

20世纪20年代的蒋王庙戏台及庙会

与蒋子文有关的还有白马的传说。蒋死后,他乘坐的那匹骏烈白马久久不愿离去,在蒋子文遇难处刨蹄不止。日复一日,冬去春来,终于刨出了汨汨清泉,常年流淌不息,汇聚成了清澈见底的白马湖。此地因而被称作"白马村",即现在的白马公园。

## 第七节　孙权墓址何处寻?

孙权死后没有以帝王之威,行厚葬之道,而是直接利用钟山余脉挖穴建墓,灵柩入殓后再填平,地面鲜有标志,再历经久远岁月,更无痕迹可寻。那孙权所葬"蒋陵"的具体位置在钟山哪里呢?根据古今记载推断,即今有"天下第一梅山"之称的梅花山。

唐朝许嵩在《建康实录》中提到,蒋陵位于"钟山之阳"。北宋乐史《太平寰宇记》载:"(蒋陵)在县东北,蒋山南八里。"《丹阳记》云:蒋陵,……今蒋庙相对向西,有曰孙陵冈,是为蒋陵。"所以,多数学者根据"孙陵冈"的线索,认为即今梅花山。

当然,也有人以"蒋庙"为依据,提出应在今蒋王庙附近。但《太平寰宇记》《建康实录》《景定建康志》《读史方舆纪要》等书明确记载"蒋陵"位于"钟山之阳"或"山南"。而今蒋王庙在钟山之阴,且附近没有"孙陵冈"的地名。至于"孙陵冈"位于"蒋庙相对向西"的记载,此"蒋庙"或许是山南孙陵冈附近的一座祠庙,而非今"蒋王庙"。2004年,由南京大学历史学系(现历史学院)贺云翱教授主持的"江苏六朝帝王陵综合调查与研究"课题组,经精密磁测勘探,大致判断梅花山博爱阁西侧山坡下有一处大型墓室。这无疑增强了孙权陵墓在梅花山的可能性。

梅花山,明清两代基本沿用"孙陵冈"的称呼。朱元璋留孙权守门的传说,也证明了明代人认为今梅花山即"孙陵冈"孙权墓。

## 探谜 明孝陵

民国时期,梅花山习称"吴王坟"。1929年初,中山陵园主任技师傅焕光及陈宗一勘定明孝陵、吴王坟和前湖一带土地约3 000亩建造植物园。吴王坟200亩范围内的民房、坟墓遂迁出,成为植物园的蔷薇花木区,大量栽植梅花,以及榆叶梅、黄刺梅、樱花、桃花、木瓜、海棠等。

从蒋陵、孙陵冈到吴王坟,都是围绕孙权陵墓的称呼,但却因为汪精卫而改变。1937年梅花盛开之时,汪精卫曾与其妻陈璧君来此赏梅,对蔚为壮观、争奇斗艳的梅花赞不绝口。后来汪既失民族大义,又认不清时局。1944年11月,在日本败局已定的情况下,仍遗嘱葬于此地。汪伪政府在为其举行"奉安大典"时,报纸第一次将"吴王坟"正式称作"梅花山"。其中原委无非是汪的入葬,再以孙权墓相关地名称呼此处有所不妥,好在也没以"精卫""兆铭"来命名。一年多后,国民政府尚未还都,蒋介石便密令炸掉了汪墓。按照命名原则,越和政治相关的地名就越不稳定,而梅花山的名称既不带政治和历史人物的色彩,又能彰显环境特色,更接地气,更受百姓欢迎,所以得以沿用至今,不因人或时代兴废。

孙权纪念馆外景

# 第二章

## 人物与轶事

# 第二章　人物与轶事

明孝陵的主角非朱元璋与马皇后莫属。朱元璋一生传奇,明亡之后依然颇受尊崇,关于他的学历、文化程度众说纷纭,书法水平更是见仁见智。马皇后是入葬孝陵的第一人,也是历史上著名的贤德皇后。帝王多爱长子,太子朱标是朱元璋最为看重的爱子,结果这一支却被迫害殆尽。逆袭成功的朱元璋人生其实充满不幸,早年丧母、中年丧妻、晚年丧子,这多少对他性格造成了负面影响。明孝陵工程主持者李新,即便躲过了"胡蓝党狱",依然难逃洪武刀下鬼的宿命。

## 第一节　朱元璋相貌之谜

朱元璋是中国历史上的传奇皇帝,传奇的不光是他寒微的出身、坎坷的经历以及成功创业的奋斗史,甚至他的长相,也是一个众说纷纭的难解之谜。

流传至今的朱元璋画像大约有十几种,不外乎美丑两大类,只是程度有所不同,丑到极致的犹如今天的"恶搞",那哪类更接近历史事实呢?先从一个流传甚广的民间故事说起:朱元璋称帝后,遍召丹青高手给自己画像。第一个进宫的画师像画得惟妙惟肖,栩栩如生,和真人一样。朱元璋看到自己样子那么丑,顿时大怒,把画师推出去斩了。第二个反其道而行之,把朱元璋画成了五官俊秀的花样美男。朱元璋一看,这哪是自己啊,也太假了,画师又难逃一死。吸取了前人血的教训,第三个用心揣摩,写实描摹了朱元璋的脸型轮廓,其他部位模糊化处理,最重要的是画出汉高祖、唐太宗、宋太祖的气度。用现在说法就是PS(图像处理软件Photoshop的简称,现常用来指图像处理与修改)加美图秀秀吧!结果朱元璋看到自己满脸慈祥、一副帝王之相,龙颜大悦。画师不仅保住了命,还受到了赏赐。回家之后,画师偷偷把朱元璋的真实相貌画了下来,这就是流传下来丑相的源头。

这个故事在张瀚《松窗梦语》中亦有收录，当然张瀚也不能确定其真伪。今天我们从史籍、史实以及逻辑进行综合分析，不难推测个大概。关于朱元璋的相貌，明代官修《明太祖实录》卷一记载："及上（朱元璋）稍长，姿貌雄杰，志意廓然，独居沉念，人莫能测。"当朱元璋投奔郭子兴，被守城人误当奸细捉住时，"（郭）子兴遣人追至，见上状貌奇伟，异常人，因问所以来，具告之故。子兴喜，遂留置左右，寻命长九夫，常召与谋事。"清代官修《明史·太祖本纪》则说："比长，姿貌雄杰，奇骨贯顶。志意廓然，人莫能测。""子兴奇其状貌，留为亲兵。"

《明太祖实录》始修于建文朝，永乐朝曾两次重修，改动多针对不利于朱棣的地方，对朱元璋的形象仍维护有加。所以，《明太祖实录》不实，笔法犹如征婚广告，长处必定大书特书，短处要么回避不提，要么曲笔淡化。就含糊形容朱元璋的个头气质来推测，大概其长相没有可夸之处。清修《明史》则无这方面顾忌，直言朱元璋"奇骨贯顶"，应该是有所依据的。

"奇骨贯顶"倒不是清朝丑化朱元璋。早在永乐十一年（1413）朱棣亲撰的《大明孝陵神功圣德碑碑文》中就说："（朱元璋）龙髯长郁，然项上奇骨隐起至顶，威仪天表，望之如神。"《明太祖实录》卷二十八的记载更离奇："（吴元年十二月）上梦人以璧置于项，既而项肉隐起微痛，疑其疾也。以药傅之，无验，后遂成骨隆然，甚异。"也就是说，"奇骨"不是天生的，是后天梦中神人"传功"的结果。真的是这样吗？吴元年（1367）十二月才长出"奇骨"，显然是为即将称帝编造神话基础。

朱元璋投军濠州是在1352年，《明太祖实录》说当时他被救下是因为"状貌奇伟，异常人"，那应该就是"奇骨贯顶"的相貌特征了。那为什么《明太祖实录》开篇卷一本应详说外貌的地方都没有明说这个特征呢？无非朱元璋不愿提及，最初编修时儒臣也没将这当做"神迹"来阐发，刻意掩饰回避了。永乐年间，修《明太祖实录》时，按照朱棣的意思加进了卷二十八的神迹故事，而前面卷一部分没做相应改动，可

## 第二章 人物与轶事

见文字工作者"不走心"的情况古今亦同。

也有学者引用朱元璋亲撰的《纪梦》一文,证明其回忆投军往事时,只说"城门守者不由分诉,执而欲斩之。良久得释,被收为步卒",并没有提到自己因为相貌而获救。类似的证明还有1383年立的郭子兴庙碑,碑文也根据朱元璋本人提供的材料说:"王亲驰活之,抚之麾下。间召与语,异之,取为亲兵。"出自朱元璋本人的说法看是强有力的证据,实则不然。试问哪位成功人士会把自己起步的机遇说成拜相貌所赐?更别说是一副"惊人"之相了。说自己的智慧能力、谈吐见识不凡,才是人之常情。这和《明太祖实录》卷一对相貌的刻意回避逻辑一致。

有学者指出,宫廷里所藏朱元璋中年和老年正像面部端正,同样部位均有短髭,只是随年龄增长由黑转白,说明画像高度写实,即为朱元璋真容。但这种细节的高度一致,恐怕只能说明两幅画像出自一人之手,极可能为洪武朝时所作。回到前文征召画师的故事,由于朱元璋对自己相貌的介意,画师曲笔避讳,美化出其"标准"帝王画像,这种可能性完全存在。这也说明,朱元璋并非神化自己"丑相"的始作俑者。

那朱元璋模样是不是如"恶搞"那般奇丑无比呢?那倒也不至于。抛开具体原因,郭子兴初见朱元璋,将他留在身边做了亲兵。倘若他真丑得夸张,恐怕郭子兴也不愿天天见到他吧?更别说将"视如己出"的养女马氏嫁给他了。朱元璋的相貌其实也就是所谓的"奇骨贯顶",流传下来标准帝王相的轮廓和一些细节还是可信的。还有一些画像上,朱元璋一张猪腰子脸上布满了麻子,甚至有36个大麻子、72个小麻子之说,据说符合相书上贵不可言的"猪龙"相,但观之毫无帝王威严可言,唯有丑陋猥琐之感,显然作者带着"恶搞"的创作意味。不过,老百姓却对此类画像津津乐道,认为那才是"真实"的。同时,民间故事中的朱元璋也多以自私、猜忌、嗜杀的负面形象出现,这也是个有趣的文化现象。

"恶搞"朱元璋像　　　　中年朱元璋"标准"像　　　被认为较真实的朱元璋像

## 第二节　朱元璋的学历与文化之谜

关于朱元璋的很多书籍、讲座都说他童年时上过几天私塾，或是"蹭"过几天课，因而出家前就认识些字，有点文化。不过这种观点基本没有列出依据，大概是《明太祖实录》中曾说："及上（朱元璋）稍长，……既就学，聪明过人，事亲至孝，侍奉左右不违意。"就是说朱元璋年纪稍长后入学，聪明过人，特别孝顺父母，书自然是读过的。但如果广泛阅读朱元璋的相关史料，就会发现《明太祖实录》中的说法不大靠谱。

安徽凤阳明皇陵是朱元璋父母的陵寝所在地，朱元璋发迹后，曾命儒臣危素根据自己经历撰写《皇陵碑文》，其中说道："朕居寺时甫两月，未谙释典，罹此饥馑，彷徨三思，归则无家，出则无学，乃勉而游食四方……"这么看，他在寺庙里还没来得及学习，也就是"未谙释典"，就因为缺粮，被"下岗分流"了。早于《明太祖实录》成书的《皇明本纪》则提到："复入皇觉寺，始知立志勤学。"两者结合，事情就很清楚了：朱元璋17岁入皇觉寺,然后在外漂泊三年,20岁再次回寺才开始"学"。

当然,与寺庙相关的"学",也可以解释成"佛教典籍",不一定是识字。但在《御制资世通训序》中,朱元璋明确说:"朕于幼时家贫,亲老无资求师以学业,故兄弟力于畎亩之间,更入缁流(代指僧徒),遂致圣人贤人之道,一概无知,几丧其身焉。"青少年时代他因家贫无法求学,不得不种地,甚至出家求生,以至于圣贤之道都不知道,这就是朱元璋生活及学习的真实情况。

那《明太祖实录》为什么要说"稍长""既就学"呢?无非是为了掩饰朱元璋20岁之前的文盲经历,刻意为他的"学历"造假。"学历"不等于"能力","稍长就学"是编的,不代表"聪明过人"是假话。朱元璋正是因为能力与聪明才后来居上,并且他勤奋好学,终生不倦。从现存朱元璋手迹《大军帖》[吴元年(1367)十二月写给北伐大将军徐达、副将军常遇春的手令]来看,其文辞、书法绝非粗通文墨那么简单,大才子解缙都称"顷刻间,御制(朱元璋)沛然数千百言,一息无滞",没受过正式系统的教育,能达到这程度也算"才识天纵"了。

又有前面说到危素撰写的《皇陵碑文》,朱元璋并不满意,认为"皆儒臣粉饰之文,恐不足为后世子孙戒",于是在1378年亲自撰写了《御制皇陵碑文》,因篇幅原因,在此只截取一段对化缘生活的记述:"我何作为,百无所长。依亲自辱,仰天茫茫。既非可倚,侣影相将,朝突炊烟而急进,暮投古寺以趋跄,仰穹崖崔嵬而倚碧,听猿啼夜月而凄凉。魂悠悠而觅父母无有,志落魄而侠伴。西风鹤唳,俄淅沥以飞霜。身如飘蓬逐风而不止,心滚滚乎沸汤。"言语间,仍令人感受到其流浪生活的饥寒交迫与孤独艰辛,这的确是危素之类缺乏亲身体验的儒臣所难以表达展现的。

相映成趣的是,朱元璋的一些诏书,却又尽显"大老粗"本色。如洪武三年(1370)下诏清查户口时,他说:"如今天下太平了也,止(只)是户口不明白俚……我这大军如今不出征了,都教去各州县里下着绕地里去点户比勘合,比着的便是好百姓,比不着的便拿来做军……"又如朱元璋曾汇集了官民的"犯罪"事例和训诫,创造性地颁布《御制大诰》,要求"大的小的都要知道,贤的愚的都要省得",甚至在序中恐吓道:"不听不信呵,家里有小孩儿每不记呵,犯法到官,从头儿计较将来,将家下儿男都问过,你记得这文书里几件? 若还说不省得,那其间长幼都治以罪。"

同样一个人,反差咋这么大呢? 其实,这种大白话诏书是从元朝继承来的传统之一。蒙古统治阶层大多不通汉语,征服汉地后,蒙文政策命令需要通过"翻译官"传达。而大量的"翻译官"整体文化水平不高,文言素养有限,另外为追求速度,往往按照蒙文语法结构,生硬强译,其中还掺杂着北方口语,从而形成了古里古怪的白话文体。别说今天读起来似懂非懂,即便当时,南方百姓连蒙带猜可能也就知道个大概,没法子逐字理解。

最典型的例子是立于延祐元年(1314)河北的"元氏开化寺圣旨碑",碑文意在免去佛教僧人等宗教人员的差役和赋税,并保护他们的财产,同时告诫他们不得仗着圣旨保护而违法乱纪。碑中汉文是这样写的:"长生天气力里,大福荫护助里,皇帝圣旨……和尚、也里可温、先生每,不拣甚么差发不着,告天祝延圣寿者……这的每宫观里,他每的房舍里,使臣休安下者,铺马、祗应休与者,税休与者。但属宫观的水土、园林、碾磨、店舍、铺席、解典库、浴堂,不

凤阳皇陵碑

拣其他每的,不拣谁休倚气力者。更这和尚每道有圣旨么道,没体例的勾当休做者。做呵,他每不怕那甚么!"

不难想象，朱元璋从小见识到的朝廷官府文书命令，恐怕都是这种文体。所以，他继续采用这种文体去告谕百姓、告诫文化水平不高的武臣也就不足为奇了，这也是针对不同对象的沟通需要。在元代，即便是大文豪关汉卿、理学家许衡的著作里，也不乏这种文体，这是时代风气之使然，无关于作者文化水平之高下。

## 第三节　"御笔"还是"代笔"？
## ——朱元璋书法之谜

朱元璋喜好诗文，存世作品不少，一般认为其诗文具有一定修养，天然之趣十足，但又流于草率甚至拙劣。而对其书法水平，评价反差极大：赞赏者称"神明天纵，默契书法""雄强无敌"；不屑者认为纯属"武夫笔墨"。

朱元璋现存的书法，有《总兵帖》《安丰令卷》《高邮令卷》《行书手谕》《大军帖》《致驸马李桢手敕卷》《跋李公麟临韦偃牧放图卷后》七件。另台北故宫博物院藏《明太祖御笔》70余篇，内容为朱元璋敕谕及诗文稿，每篇字数由数十字到数百字不等，笔迹不一，多为草书，与《总兵帖》等风格差异较大，整体简凝流畅，功底深厚。

《明太祖御笔》的发现如拆孔子家墙发现古文经一样充满传奇。《明太宗实录》记载，早在朱棣即位之初，他便在宫中四处寻找太祖手迹而不得，有人说是建文帝自焚时将玉玺与太祖宸翰一起烧了，于是朱棣派人到全国各地搜求，结果仍一无所获。185年后的万历朝，大学士申时行等人在内阁藏书处发现了装订成上下两册，并注写释文的明太祖手迹76道，"或片楮短札，或累牍长篇，朱书墨书，真体草体，灿然具备"。此事在《万历起居注》《明神宗实录》中均有记载。

不过，马顺平《〈明太祖御笔〉代笔考》(《中国国家博物馆馆刊》2012年第6期)考证，这批"御笔"出自文臣代笔，朱棣熟悉朱元璋手迹，故将其作为御笔录副,保存在内阁。申时行等人不知,误作真迹进献以激励日渐颓废的万历皇帝。做过朱元璋十几年秘书的宋濂曾说朱"性或不喜书(书写)",即使"万几之暇"偶尔动笔,也不留草稿。御制文集中的文稿,多为侍臣所录。同样做过秘书的解缙,在《文毅集》中说:"臣缙少侍高皇帝,早暮载笔墨楮以侍。圣情尤喜为诗歌,睿思英发,神文勃兴,雷轰电逐,顷刻间,御制沛然数千百言,一息无滞。臣缙辄草书连幅,笔不及成点画。即速上进,稍定句韵,间或不易一字。"所以,朱元璋日常诗文、诏敕由文臣代笔,是经常性制度化的。另外,出于政治忌讳和书法本身水准,明太祖曾强制缴回早年写的亲笔文书。朱棣遍寻不得的主要原因,恐怕是太祖自行销毁,而不是建文带着自焚造成的。

传世的七件作品基本为明朝建立前后,即朱元璋40岁左右的手迹,正常情况下再改变笔迹的可能性微乎其微,更何况他不喜书法,开国后制度化由儒臣代笔。所以,与这七件作品风格相差很大的,不是儒臣手笔,便是朱标所作,不应当视为朱元璋的亲笔。在此界定与说明的基础上,才好探讨朱元璋的书法水平。七件作品全部介绍篇幅太长,仅选取具有代表性的略说一二。《行书手谕》《大军帖》常见之于展览,包括其他三件风格极似,实则意义不大,故本书选取《大军帖》与《跋李公麟临韦偃牧放图卷后》。

《大军帖》现藏于故宫博物院,纸本行书纵33.7厘米,横47.4厘米。写于吴元年(1367)十二月,说的是大军北伐,平定山东后对元朝降官的安排。内容为:"大军自下山东,所过去处,得到迤北省院官员甚多。吾见二将军留此等于军中,甚是忧虑。恐大军下营及行兵,此等杂于军队中,忽白日遇敌不便,夜间遇偷寨者亦不便。况各各皆系省院大衙门,难以姑假补之。亲笔至日,但得有椎柄之官员,无分星夜发来。布列于南方,观玩城池,使伏其心,然后用之,决无患已。如济宁陈平章、卢平章等家小,东平马德家小,尽数发来。至京之后,安下稳当,却遣家人一名前赴彼旧官去处言,信人心可动。朱。"

## 第二章 人物与轶事

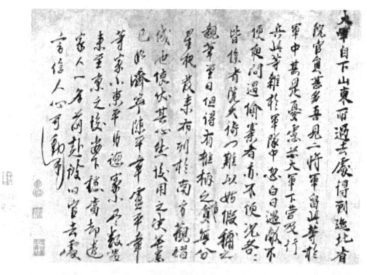

《大军帖》

《故宫博物院藏文物珍品全集》曾收录此帖,评价其"书风健拔瘦劲,点画稚拙流畅,得自然生动之趣"。古书画研究专家傅红展认为:"非同于承师教化那样有明显的章法,而是带有一种畅达和野性。"如以笔法标准衡量,朱元璋大概要归于低劣,但"粉丝"却不这么看。清代书画鉴赏家顾复《平生壮观》说:"明太祖少遭坎坷,未尝学问,其作字,岂当以八法求之!观其区划军机,驾驭将帅于千百里之外,如臂之运指,而英断截然如此!"

文末花押相当于签名,具有防伪标记作用。一般认为是"朱",也有人认为是草书"朱"加上"√"号。朱传世七幅手书中五幅结尾有相同花押,这也是鉴别是否真迹的重要判定点之一。花押不是朱元璋的发明,元代就非常流行,多以印玺形式出现,主要给蒙古、色目等不能使用汉字的官

文末花押字

员签押使用。

《跋李公麟临韦偃牧放图卷后》为故宫博物院藏纸本行书,是朱元璋看画的感想随笔。李公麟是北宋画家,奉敕模仿唐朝韦偃作此画,图中画马1 200余匹,牧者140余人,场面宏大。朱题跋:"朕起布衣,十有九年,方今统一天下。当群雄鼎沸中原,命大将军帅诸将军东荡西除,其间跨河越山,飞擒贼候,摧坚敌,破雄阵。每思历代创业之君,未尝不赖马之功。然虽有良骑,无智勇之将,又何用也!今天下定,岂不居安虑危,思得多马牧于野郊,有益于后世子孙,使有防边御患备,虑间洪武三年二月二十三日,坐于板房中,忽见羽林将军叶昇携一卷,诣前展开,见李伯时所画群马图,蔼然有紫塞之景。于戏!目前尽获唐良骥,岂问胸中千亩机。"

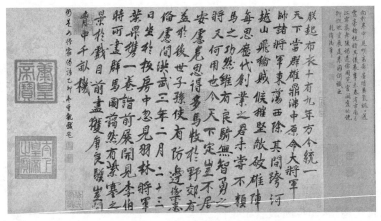

《跋李公麟临韦偃牧放图卷后》

跋有时间、有地点、有故事,挺有趣,更有意思的是乾隆皇帝的评价。马顺平《明太祖传世书法考》(《中国国家博物馆馆刊》2013年第2期)中说,1751年,不惑之年的乾隆南巡亲谒明孝陵后,即兴在朱元璋跋右侧题:"向于卷中见明高帝墨迹,英气飒飒,迸露毫楮,恍睹其仪表。辛未春省方,南至江宁,奠孝陵,谒遗像,周览宫阙旧址,俯仰慨然,重展是卷,因并识之。"44年后,人生迟暮的乾隆再次展玩此图,戏题"仍是如僧家偈语"。前后不一致的品评,之前是因为政治需要并且接踵父祖尊崇明太祖之遗绪,后者是以艺术鉴赏家自居的乾隆对明太祖墨迹已不置可否,难入法眼。对于朱跋,马顺平认为:"明太祖此跋附于名画之后,历经明清内府收藏,可谓流传有序,为真迹无疑。题跋无意中写于板房,字体大小不一,行笔稚拙,多用侧锋。'历'字多出一点,'展'字外加一撇,其缺乏书法根基显现无余。"

借用故宫书画研究专家傅红展、马顺平等人对朱元璋书法风格的概括:"(太祖)下笔刚决,厚实深沉,体态宽绰且锋棱外露,结字不甚规整,显然与传承有序的传统书法有明显的区别。""朱元璋书写喜用侧锋,书写较为随意,而且在不同的书写状态下作品水准有所差异。《大军帖》代表了明太祖书法的较高水准,临时写成于禁卫军板房的《跋李公麟临韦偃牧放图卷后》则显得粗放稚拙,但总体而言,都没有脱离明太祖独特的书法风格。"马顺平还说:"(朱跋)此卷内容反映出明太祖思得良将良马的迫切心情,而对于李公麟画卷本身的艺术价值并不置一喙,从中亦可窥见明太祖艺术鉴赏之旨趣。"

## 第四节　朱元璋历史地位长盛不衰之谜

英雄与时势的关系是个非常有趣的问题,好在没有"先有鸡还是先有蛋"那么难以说清。如果没有造英雄的时势,朱元璋这样没钱、没背景、没文化,还没颜值的底层百姓大概很难出人头地。而每个时代都不乏英雄,然受制于时势,英雄的作为就有了大小之别,更遑论改朝换代了。反过来,英雄对时势的影响也非常有限,基本不出一代人,想要再造时势,并深刻影响当时及此后的社会,纵观中国历史,恐怕也难找出几人。而朱元璋就是其中的一位,他既借了时势的东风成就了一番帝王大业，又改天换地影响了其后几百年的中国社会。

作为大明王朝的建立者、规模制度的奠基者，朱元璋在明代的地位自不必说。明清易代，他并没有被批倒批臭，扫进历史的垃圾堆，而是遇到了"粉丝"，被抬进了历代帝王庙，作为明君供奉了起来。这一方面因为清朝统治者标榜自己为明朝讨"贼"得到了天下；另一方面，也是发自内心地欣赏朱元璋，高度认同他的政治制度和治国思想。倒也不难理解，对于建州女真来讲，明朝的一切无疑都是先进的，并且，这也是他们能接触到的最高水平的文明和文化了。

清军早在入关前，就开始在归附汉人的帮助下模仿明朝定立典章制度，遇事不决便去《大明会典》"抄作业"。制定法律的时候，甚至闹出照抄《大明律》中"家藏《大诰》，罪减一等"都没删减的笑话。

《清世宗实录》记载，顺治帝曾点评说："朕以为历代贤君，莫如洪武。何也？数君德政，有善者，有未尽善者。至洪武所定条理章程，规划周详，朕所以谓历代之君不及洪武也。"

康熙帝六至江宁，五次亲自拜谒明孝陵，态度甚为谦恭，从免陵户人头税到题写"治隆唐宋"，从行三跪九叩大礼，到自降身份自角门入内，围观百姓都为之动容涕零。

雍正帝根据康熙遗命，找到了一位朱氏后人，封官赐爵，每年负责明孝陵和明十三陵的致祭。

乾隆处处学康熙，拜谒明孝陵也不例外，六下江南，六次谒陵。这位高产的"诗帝"每次都要作诗抒发情怀，不厌其烦地称赞朱元璋，批评朱家子孙昏庸无能，强调清朝的正统与继承的合法，警惕历史的教训等。

后来的清朝统治者也延续着对朱元璋的尊崇，对明孝陵采取保护政策。即便晚清国运衰微，平定太平天国、收复南京后，仍派曾国荃前往致祭，并将整修战争中受损的明孝陵作为要务。虽然修缮的程度和规模远不如前，但客观地说，能在内忧外患、捉襟见肘的形势下，如此重视前朝帝陵，也殊为不易了。

## 第二章　人物与轶事

朱元璋作为中国最后一个汉人王朝的创建者,自然是反清斗争的一面大旗。不仅天地会、三合会等秘密会社将"反清复明"作为宗旨,孙中山最初也借用朱元璋北伐时提出的"驱逐胡虏,恢复中华"口号,作为民族革命的政治纲领。

朱元璋和明孝陵,长期作为具有政治意义的象征符号存在,各种政治力量均能根据需要发掘或赋予其不同价值,这种政治资源价值直至中山陵建成后才被取代,而被弱化淡化的朱元璋也没有归于沉寂。著名明史学家吴晗在第二版《朱元璋传》中,着力突出了朱元璋残暴嗜杀的性格,冠之"以屠杀著名的军事统帅""最阴险残酷的政治家"之名,以此来影射蒋介石。毛泽东主席读罢,提出了自己的观点:"朱元璋是农民起义的领袖,是应该肯定的,应该写的(得)好点,不要写的(得)那么坏。"这也是新中国成立后近30年对朱元璋评价的基调。

毛主席的评价不乏对朱元璋贫农出身、农民起义领袖等政治方面的考量,也有对其军事才能的赞许。他曾批道"自古能军无出李世民之右者,其次则朱元璋耳"(《毛泽东读文史古籍批语集》,中央文献出版社)。朱升当年给朱元璋提出"高筑墙,广积粮,缓称王"的"九字三策",也被毛主席发展成为"深挖洞,广积粮,不称霸"的九字国策。

改革开放之后,朱元璋"反腐倡廉"的一面又被突显出来。"艰苦朴素""宴请只用四菜一汤""执法严明"

明弘治"六谕"碑拓片

"处死走私茶叶的驸马欧阳伦"等主题与故事,当代廉政教育中仍是常见内容。

最后举个具体的小例子。朱元璋曾亲自制定四字六句圣谕:"孝顺父母,尊敬长上,和睦乡里,教训子孙,各安生理,毋作非为",作为百姓的行为准则。顺治以"圣谕六训"之名照抄颁布,康熙则升级为《圣谕十六条》,雍正再注解阐释,形成16篇文章《圣谕广训》。每月初一、十五都要由官方集会宣讲,这一讲就是将近二百年。甚至民国时,一些地区仍在延续,只是方式有所变化。日本学者冈田英弘等著《紫禁城的荣光:明清全史》中说,洪武"六谕"还经琉球传到日本,明治时期发布的教育圣谕也受其影响,直到二战结束,每逢节日、祭日全体国民都要拜读,因此当时几乎所有的日本人都能背诵该圣谕。

奇迹般影响历史发展600多年,波及周边国家和地区,又不时"客串"入各时代再现其历史生命力的,大概也只有这位朱皇帝了。当然,这也充分说明他身上所具有的多元性与复杂性。

## 第五节 马皇后真有一双大脚吗?

马皇后是朱元璋的发妻,在夺取天下的过程中,马氏作为贤内助,与朱元璋同患难,对其成功帮助颇大;朱元璋荣登帝位后,马皇后约束后宫,以身作则,母仪天下,并经常劝谏,为治国分忧,是历史上著名的贤德皇后。马皇后之所以如此,和她的出身与经历是分不开的。她虽说是濠州军阀郭子兴的养女,但身世其实有些不幸。

《明太祖实录》记载:"初宿州闵子乡人马公,素刚直,重然诺,爱人喜施。避仇定远,与子兴为刎颈交。马公有季女,甚爱之,常言术者谓:'此女当大贵。'及遇乱,谋还宿州起兵应子兴,以女托子兴曰:'幸公善抚视。'子兴许诺,与其妻张氏抚之如己子。已而,马公死,子兴感念不已。"

从上面记载可知,马氏的父亲是安徽宿州人"马公"。"马公"是尊称,无非是个身份低微的平头百姓,所以没留下名字。马氏出生不久,母亲就去世了。马公大概是位江湖人物,史书美化说其为人刚直守信,乐善好施,行侠仗义,时不时还要躲避仇家。跟着这样的父亲,幼年马氏也够可怜的了。好在马公有个生死之交郭子兴,马公把小女儿("季女"是最小的女儿,说明马公不止一个孩子。另正史也没有记载马皇后的名字,"马秀英"出自野史传说)托付给郭,自己回宿州组织反元革命去了。马公这一去再也没回来,而马氏却过上了相对安定富足的生活。从文献记载看,郭子兴夫妇对马氏应该还不错,但郭自己也有两儿一女,可以想见,再"如己子",马氏寄人篱下的感觉也在所难免,不过这也练就了她善于察言观色,善于处理人际关系的"聪明机敏"。郭氏夫妇对马氏的教育应该也挺上心的,从后来她给朱元璋做过机要秘书,带领女眷为前线将士制衣做鞋等事迹看,其礼仪文化、德智体美劳,甚至情商均衡发展,真正做到了素质教育。

马氏最被人熟悉的特征莫过于一双"大脚"了,南京绣球公园有个大坑传说是马娘娘的脚印,还有影视作品名字干脆就叫《大脚马皇后》。南京七家湾的地名传说也与此有关。

明代徐祯卿《翦胜野闻》记载:"太祖尝于上元夜观灯,京师人好为隐语,书于灯,使人相猜,画一妇怀瓜,深触忌犯。帝就视,因喻其旨,甚衔之。明日,令军士大僇(戮)居民,空其室,盖太后祖贯淮西,故云。"晚清陈作霖《运渎桥道小志》进一步明确说:"(七家湾)相传明太祖于上元夜微行至此,见画不缠足妇女怀抱西瓜,以刺马皇后者,大怒,令屠其门,有张灯者尽杀之,仅余七户云。"这就是民间所说的"淮西妇人好大脚"的故事,甚至还有谚语"眼泪到了七家湾",形容伤痛之极。

遥相呼应,远在甘肃省甘南藏族自治州临潭县,古称洮州,也流传着类似故事。说是洪武年间,应天府元宵节耍社火(灯会),纻丝巷有人为增添节日气氛,化装成猴子,倒骑于马背上表演杂技,引得观者欢呼喝彩。没想到朱皇帝认为这"猴子耍马",意在侮辱马皇后,结果全巷居民统统被流放到西北边远之地。这个故事在清代洮州地方志,以及明代移民的家谱中均有记述。600多年来,老家原在应天府纻丝巷的往事世代相传,甚至至今还保留南京先人的喜庆习俗,口唱鲜花调(茉莉花)。

两个传说虽不尽相同,但事发时间均为南京元宵灯会,起因均被认定讽刺了马皇后,只是一个除了七户人家其余被尽屠,一个全部居民被流放至西北。"纻丝巷"地名是否存在,以及其位置虽难以稽考,但通过纻麻、绒庄、绫庄及笪桥灯市等其他线索,不难判断"纻丝巷"当在七家湾附近,是另一个版本的"眼泪到了七家湾"。

不成为"大脚"的方法就需要缠足了,这无疑是满足病态审美的一种陋习,本来病态审美是小众另类的审美,而一旦被社会接受,就会释放出巨大的吸引力,成为大众媚俗审美的标准,比如西方的束腰、一味追求骨感美等。缠足之风兴起于北宋,元代继续发展,明代以后进入兴盛时期。

那马皇后是否有一双未经缠足的"大脚"呢?正史当然不会记载,我们也只能推测了。

从缠足时间看,一般女性从四五岁起便开始缠足,直到成年骨骼定型后方将布带解开,也有终身缠裹者。马皇后自幼丧母,一个成天东躲西藏不要命的汉子拉扯几个孩子,还去给最小的女儿缠足,这概率恐怕微乎其微吧?即便四五岁就寄养在郭子兴家,郭氏夫妇也未必受到缠足观念的影响,受到了影响也未必会去给马氏缠足。所以,马氏一双天然足的可能极大,至于一些文章说"(马氏)因为受宠,个性倔强,坚持不肯缠足",就太过于演绎化了。

笔者还发现了条笔记小说中的相关记载,算是个小佐证吧。《枣林杂俎》"义集"记:"高皇后遗履奉先殿,脩□寸,组双凤,首缀大珠。岁六月六日曝之。"虽然尺寸关键字缺失,但从爱讲"八卦"的谈迁专门提到马皇后的凤鞋,以及没有反驳意见来推测,鞋应该是不小的。

话说回来,即便马皇后缠过足,也不是我们想象中的那种"三寸金莲"。从宋到明的缠法,仅将前脚掌和脚趾缠窄,使前足看上去瘦一些,而非清代那种将拇趾以外的四个脚趾连同脚掌折断弯向脚心,形成"笋"形。简单说来,清代之前追求的是"瘦",清代追求的是"小",这也是很多文章误以为出土的墓葬中,清朝以前的女性都没有缠足实证的原因,因为瘦窄一点与正常足的差别不大。

不过,缠足与否不仅关乎美不美,更关乎家境与教养,所以不缠足是社会中上层难以接受的,清代更是如此。晚清重臣李鸿章的母亲是个得了天花的弃婴,被李家好心收留后也没有缠过足。李鸿章显赫后,扶母亲上八抬大轿,李母将两只大脚露出轿帘"招摇过市",引得路人驻足围观,指指点点。李鸿章有些尴尬,忙扯轿帘遮掩,不料李母大怒,踢开轿帘说:"不孝的东西,你父亲不嫌我脚大,你还嫌我不成!没有老娘这双大脚,谁供你们读书做官?"喝令"回轿",吓得李鸿章慌忙赔罪不迭。

总结来看,传统社会后期,没缠过足多半是幼年贫苦不幸,识字说明受过良好教育,因而识字不缠足的女性还真不一般。所谓"大富大贵"的"命",不过是经历人生苦难磨砺后的"幸存者偏差"而已。

青年马皇后像

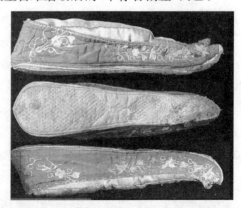

反映当时缠足脚型的河北隆化鸽子洞窖藏元代女鞋

## 第六节　马皇后为什么被称为贤德皇后?

朱元璋与马皇后不是自由恋爱,更没有因相撞邂逅而"转角遇到爱"(某影视作品还设计出提着一篮万历年间才传入中国的番薯的雷人桥段)。《明太祖实录》说:"上(朱元璋)时未有室,子兴欲以女妻上。与张氏谋曰:'昔马公与吾相善,以女托我,今不可负。当为择良配,然视众人中未有当吾意者。'因言上度量豁达,有智略,可妻之。张氏曰:'吾意亦如此。今天下乱,君举大事,正当收集豪杰以成功业。一旦彼或为他人所亲,谁与共成事者?'子兴意遂决,乃以女妻。"说白了,这段婚姻既是为马氏择良而配,也是为了拉拢英雄豪杰效力自己。当然,朱元璋也借此水涨船高,人生步入快车道。

马氏自幼品行端正,慈孝善良,尤好诗书。嫁给朱元璋后,其言行品德赢得了广泛赞誉。创业初期,朱身边缺少文人,马氏曾充任机要,为朱元璋保管文书,当需要时她随时可以取出奉上,藏取之间未曾有误。据朱元璋回忆,遇到饥荒年景军中缺粮时,马氏自己忍饥挨饿将干粮肉脯省给他。到《明史·马皇后传》里,马氏被夸张为"怀饼救夫":"初,后从帝军中,值岁大歉,帝又为郭氏所疑,尝乏食。后窃炊饼,怀以进,肉为焦"。民国蔡东藩的《明史演义》,进一步脑洞大开,将"炊饼"改写成"烧饼",因此马氏怀里的"肉"也焦煳得更严重了。

随军征战中,马氏常劝朱元璋:"以不杀人为本,颠者扶之,危者救之,收拾人心,人心所归,即天命所在。彼纵杀掠以失人心,天之所恶,虽其身亦难保也。"(《明太祖实录》卷一百四十七)这话深合朱元璋心意,朱还以此教育了掠夺妇女的士卒,令其悔悟。

朱元璋受郭子兴猜忌冷遇时,马氏拿出积蓄,走夫人路线竭力为其疏通,嫌隙得释。"太祖既克太平,后率将士妻妾渡江。及居江宁,吴、汉接境,战无虚日,亲缉甲士衣鞋佐军。陈友谅寇龙湾,太祖率师御之,后尽发宫中金帛犒士。"(《明史》卷一百十三《马皇后传》)朱元璋最终能够夺得天下,也有马氏作为贤内助的一份功劳。

朱元璋性格多疑好杀,马氏则淳良宽厚,常对朱轻率过重的处罚予以劝谏。参军郭景祥守卫和州,有人密报其子拿槊欲杀父。朱元璋将这事告诉了马氏,并说必诛此子。马氏说:"密告或许不实,况且郭景祥只有这一子,杀错不仅制造了冤案,郭家恐怕也因此绝后了。"于是朱元璋再派人了解情况,发现并无此事。

李文忠守卫严州,被人诬告其有不法之事,朱元璋便想调换他。马氏说:"严州是对敌一线,部众向来信服李文忠,现在临阵换将,怕人心不服。"朱停止了调整,事后证明此举非常正确。

洪武元年春正月,马氏被册封为皇后。朱元璋欲寻其亲族封官晋爵,马皇后则说:"国家官爵当与贤能之士,妾家亲属未必有可用之才。且闻前世外戚之家,多骄淫奢纵不守法度,有致覆败者。"(《明太祖实录》卷二十九)马皇后以身作则,也是明朝后妃、外戚干政较少的一大原因。她听女史官说宋代皇后最贤,后宫制度最完善,便令其抄录宋代宫廷家法贤行,有空时给她讲读学习,并以此谕告六宫。马皇后仿效历代贤后,操持后宫,教化子女的同时,也随时规劝朱元璋以尧舜为榜样,亲贤纳谏、勤政爱民。

朱元璋的一日三餐,马皇后都亲至御厨查看过问。宫人劝说:"宫中这么多人,厨房这点小事哪需有劳皇后大驾!"马皇后则说:"我当然知道膳食有专人负责,但为妇之道不可不谨遵,给皇上的食物不可不洁净。万一有所闪失,你们受到责罚,我又岂能安心?"宫人听了莫不感悦。

宫人有小过错,惹朱元璋生气时,马皇后也会装出很生气的样子,命令将有过者押赴宫正司议罪。过会儿朱元璋气消了,问道:"你掌管后宫,下令责罚便是,为什么要交宫正司那么麻烦?"马皇后说:"我听说赏罚公正才能服人,所以不应当按个人好恶进行。喜怒的时候加以赏罚，一定会有所偏重，交给宫正司则可以公正处理。"朱元璋又问："为什么我看你当时也很生气？"马皇后说："陛下发怒时处罚，不但宫人会被重责，也有损陛下中和之气，而我也生气，可以化解陛下的怒气。"

因孙子宋慎涉及胡惟庸案，曾任太子老师、已经告老还乡的大学士宋濂也被牵连，被定为死罪。马皇后劝朱元璋："民间为孩子请老师，尚以礼全终始，况且天子之家？且宋濂早就回乡养老，必不知情。"朱没有理会。吃饭时，朱发现马皇后没动面前酒肉，便问原因，马皇后说："妾为宋先生斋戒求福也。"朱元璋不禁恻然，丢筷起身离去。加之太子朱标苦苦哀求，朱元璋才下令赦免宋濂，发配至四川。

即便对素不相识的芸芸众生，马皇后也怀着一颗仁爱之心。"帝尝令重囚筑城。后曰：'赎罪罚役，国家至恩。但疲囚加役，恐仍不免死亡。'帝乃悉赦之。"（《明史》卷一百十三《马皇后传》）遇有水旱灾害，马皇后进餐时一定要有野菜粗粮，朱元璋告知已赈灾抚恤，马皇后则说："妾闻水旱灾害无时不有，赈恤应视同积蓄，先做好准备，否则一旦遇到九年水灾、七年旱灾，又怎么去赈济呢？"朱元璋深以为然。

马皇后终身不改布衣本色，生活俭朴，平常穿的普通衣服即使破旧，也不愿换新的。她听说元世祖察必皇后煮弓弦织帛衣的故事，深受启发，便带领宫人将不用的丝麻布帛，加工成被褥床帐，送给孤寡老人。她要求宫中将每次做衣裳剩余的布料做成被褥，织工剩余的边角料或是较次的丝，收集起来制成衣裳，赐给王妃、公主，并说："生长富贵，当知蚕桑之不易。此虽荒颣弃遗，在民间尤为难得，故织以示汝，不可不知也。"（《明太祖实录》卷一百四十七）对于王子们相互攀比服饰用具的风气，马皇后教育他们说："唐尧虞舜，茅茨土阶；夏禹文王，恶衣卑室。汝父简朴，尤恶奢丽，日夜忧勤以治天下。汝辈无功锦衣玉食，犹欲以服御相加，何志气不同如是乎？惟当亲师取友，讲论圣贤之学，开明心志。"（《明太祖实录》卷一百四十七）从此，王子们几乎没有这种习气了。

马皇后非常爱惜人才。鉴于朱元璋责备求全的性格，马皇后常劝

## 第二章 人物与轶事

他说:"人主虽有明圣之资,不能独理天下,必择贤以图治。然世代愈降,人无全才,陛下于人才固能各随其短长而用之,然尤宜赦小过以全其人。"(《明太祖实录》卷一百四十七)朱元璋听后很高兴,称马皇后说得对。一天,马皇后听说缴获元府库的珍宝运到了京师,便问朱元璋都有些什么,朱元璋说无非一些金银财宝。马皇后说:"元朝何以有财宝而不能守住呢?可见这些对帝王来说不是真正的宝物啊!"朱元璋说:"皇后的意思我知道,你想说贤才才是真正的珍宝。"马皇后说:"诚哉是言,但得贤才朝夕启沃,共保天下即大宝也。显名万世即大宝也,而岂在于物乎?"(《明太祖实录》卷一百四十七)

近臣及一些官员因为工作原因会在宫中用餐,马皇后命太监将给他们的饭菜取来亲自品尝,发现品质很差而且都是冷的,便和朱元璋说:"朝廷用赋税供养贤才,我们自己可以简单点,给贤才的应当丰盛些。而现在奉上的很丰盛,下面群臣的饮食皆不得其味,岂是陛下养贤的本意?"朱元璋说:"饮食之事我未曾留意,以为上下都一样,岂知有司自分厚薄,想必这种小事群臣又不便启齿。事虽甚微,所系亦大。皇后今日不言,朕岂知其如此。"朱元璋马上召来光禄寺卿,严厉训斥了他们。

晚年马皇后像

明代皇后凤冠(定陵出土)

一次,朱元璋视察太学回宫,马皇后问太学有多少学生,朱答有数千人。马皇后又问都成家了吗,朱说很多成家了。马皇后接着说:"善理天下者,以贤才为本。今人才众多,深足为喜,但生员廪食于太学,而妻子无所仰给,彼宁无累于心乎?"(《明太祖实录》卷一百四十七)朱元璋即命每月发放粮食给其养家,并立为明代的一项制度。

## 第七节　朱元璋对马皇后的感情有多深?

洪武十五年(1382)八月,马皇后病倒。朱元璋寝食难安,群臣请向名山大川祈祷,遍求天下名医。马皇后得知后说:"妾平生无疾,今一旦得疾如此,自度不能起。死生有命,祷祀求医何益之有?"(《明太祖实录》卷一百四十七)马皇后之所以不愿求医问药,也是担心治不好自己的医生会因此获罪。眼见病情愈重,朱元璋问:"你身后有什么嘱托吗？马皇后曰:"陛下与妾起布衣,今日陛下为亿兆主,妾为亿兆母,尊荣至矣,尚何言？惟感天地祖宗,无忘布衣而已。"朱元璋又问,马皇后曰:"陛下当求贤纳谏,明政教以致雍熙,教育诸子使进德修业。""死生命也,愿陛下慎终如始,使子孙皆贤,臣民得所,妾虽死如生也。"(《明太祖实录》卷一百四十七)八月丙戌,马皇后病逝,享年51岁。朱元璋恸哭不止,终身不再立皇后。

马皇后的去世对朱元璋打击巨大,不仅在感情上。朱元璋退朝回到后宫,太监女官轮番奏事不断,朱凄然慨叹:"如果皇后还在,这些后宫杂事哪会要我操心!"每每如此,朱元璋也就越发伤心。宫人对马皇后更难以忘怀,多年后还作歌传唱:"我后圣慈,化行家邦。抚我育我,怀德难忘。怀德难忘,于万斯年。毖彼下泉,悠悠苍天。"(《明史》卷一百十三《马皇后传》)

马皇后小祥祭(一般指死者周年祭)将至,礼部奏请举国致祭哀悼,朱元璋却说:"皇后在时,尝问朕曰:'天下之民安乎?'朕曰:'尔问甚善,然事不在尔。'后曰:'陛下为天下父,妾忝为天下母,天下之民皆子女也,其安与否岂可不知?'今言犹在耳,而欲以小祥费天下民财甚,非后心也。"(《明太祖实录》卷一百四十七)

朱元璋给马皇后的谥号为"孝慈",并册文说:"亘古帝王之兴,淑德之配,能共致忧勤于政治者,盖鲜克开泰寰宇、福被苍生。惟后与朕起自寒微,忧勤相济,越自扰攘之际,以迄于今,三十有一年。家范宫闱,母仪天下,相我治道,成我后人,淑德之至。无以加矣。"(《明太祖实录》卷一百四十七)更以格式文章罕见深情地说:"朕意数年之后,吾儿为帝,当与后归老寿宫,抚诸孙于膝下,以享天下养。何期一疾弗瘳,遽然崩逝,使朕哀号,不胜痛悼!"(《明太祖实录》卷一百四十七)

九月庚午,马皇后入葬。当晚,朱元璋遣醴馔告谢于钟山之神,命所葬山陵曰"孝陵"。为何称"孝陵",史书没有明言,从《明太祖实录》之后多次"祭孝慈皇后陵"推测,"孝陵"应该是"孝慈皇后陵"的简称,这也是孝陵得名的由来,和所谓的"朱元璋提倡以孝治天下"关系不大。而明代先行入葬皇后的谥号并非当然的陵号,如明成祖仁孝皇后先入葬,而陵名"长陵",明世宗孝烈皇后所葬的陵名为"永陵",从这个角度说,孝陵也算朱元璋送给马皇后生死与共的一份大礼了。明清易代,清顺治帝陵寝也称孝陵,为示区别,才有明孝陵之称。

马氏与朱元璋婚后不久,即收养了朱元璋亲侄朱文正、外甥李文忠、以及定远孤儿沐英,马氏对三人视如己出。正史记载,马氏生有五子二女,分别为太子朱标、秦王朱樉、晋王朱棡、燕王朱棣、周王朱橚,以及宁国公主和安庆公主。不过学界一般认为,五子非马皇后亲生,只是由其抚育成人。明末李清《三垣笔记》"附志二条"记:"予阅《南太常寺志》载:懿文皇太子及秦、晋二王均李妃生,成祖则碽妃生,讶之。时钱宗伯谦益有博物称,亦不能决。后以弘光元旦谒孝陵,予语谦益曰:'此事与《实录》《玉牒》左,何征?但本志所载,东侧列妃嫔二十余,而西侧止碽妃,然否?曷不启寝殿验之?'及入视,果然,乃知李硕之言有以也。惟周王不载所出,观太祖命服养母孙妃斩衰三年,疑即孙出。"这条史籍也是最有力的相关证据,可惜《南京太常寺志》所涉部分今已遗失。

马皇后之死对明初朝政潜在的影响颇大。一方面,晚年朱元璋很难听进劝谏,性格愈发暴躁嗜杀,元勋功臣、优秀将领几乎被屠戮殆尽。另一方面,马皇后入葬后,朱元璋规定藩王就藩需带一名高僧随行为马皇后诵经祈福,燕王朱棣选中了野心勃勃的道衍(姚广孝),两人"合德协谋"引发"靖难之役",成就了中国历史上唯一一个藩王造反成功的案例。

夺得帝位的朱棣,为表现自己的正统性及孝心,于永乐元年(1403)为马皇后加尊谥号"孝慈昭宪至仁文德承天顺圣高皇后",故马皇后又称"孝慈高皇后"。自马氏开始,明代皇后谥号中都带有"孝"字,且多以"孝"字开头,而嘉靖为自己生母蒋氏上谥号"慈孝贞顺仁敬诚一安天诞圣献皇后",其中"慈孝"两字都用上,似乎别有深意。

马皇后与太子朱标

第二章 人物与轶事

## 第八节 三登帝位的太子——朱标传奇

朱标,朱元璋长子,正史记载其生母为皇后马氏。元至正十五年(1355)九月,生于太平(今安徽当涂)富户陈迪家。朱元璋称吴王后,年仅10岁的朱标被立为世子,师从当时的名儒宋濂学习四书五经,尽管朱元璋本人未受过系统教育,娶妻后又忙于四处征战,但丝毫没有放松对下一代、尤其是朱标的教育。

1368年正月,朱元璋称帝,同时立朱标为太子。册立诏书说:"国家建储,礼从长嫡,天下之本在焉。联起自田野,与群雄角逐,勘定祸乱,就功于多难之际,今基业已成,命尔标为皇太子,于戏(呜呼)!尔生王宫为首嗣,天意所属,兹正位东宫,其敬天惟谨,且抚军监国,尔之职也,六师兆民,宜以仁信恩威怀服其心,用永固于邦家。尚戒慎之。"其后又强调:"惟帝王之子,居嫡长者,必正储位。其诸子当封以王爵,分茅胙土,以藩屏国家。"并且记之于家法《皇明祖训》:"兄终弟及,须立嫡母所生者。庶母所生,虽长不得立。"

朱标被立为太子后,中书省和都督府请求仿元旧制,以朱标为中书令,但朱元璋以元制不足法为由,没有采纳,而是选左丞相李善长,右丞相徐达,中书平章常遇春等一大批勋贵大臣及新进贤能来共同辅助太子。此后,朱元璋又建大本堂,取古今图书充实其中,并广征四方名儒来教授太子及诸王,分番夜值,同时选才俊之士充当太子及诸王的伴读。

洪武四年(1371),朱标娶常遇春长女为妻。完婚后,朱元璋遂开始有意识地将一些政事移交给他。洪武六年(1373)九月,朱元璋下诏命诸司,今后日常政事启奏太子即可,只有重大国事才需奏禀朱元璋本人。洪武十年(1377)六月,朱元璋再次下诏:"自今大小政事皆先启皇太子处分,然后奏闻。"

洪武二十四年(1391)八月,朱元璋命朱标巡抚西安,考察其地是否适合建都,巡抚之名由此而始。临行前朱元璋对朱标说:"天下山川,惟秦中号为险固,向命汝弟分封其地已十数年,汝可一游,以省观风俗,慰劳秦民。"《明太祖实录》记载,朱标刚动身,便天显异相。朱元璋特地遣使叮嘱:"尔宜慎举动,节饮食,严宿卫,亲君子,远小人,务在存仁养性,施恩布惠,以回天意。"朱标此行倒很顺利,但十一月归来,献上了陕西地图后即一病不起。次年四月,病逝宫中,年仅38岁。

综观朱标的一生,朱元璋对其倾注了巨大心血,谈迁《国榷》云:"三代而降,所以教太子者,未有如高皇帝者也,随时随地,必称述民间疾苦与创业艰难,以身为矩范。"培养的成果也非常显著,朱标居太子位25年,分理政务长达19年,"通经史大义","宽仁平敏,于刑狱多所减省","裨赞弘多"。名儒方孝孺作挽诗十章,对朱标的德才各方面予以高度褒赞,第一首诗即云:"盛德闻中夏,黎民望彼苍。少留临宇宙,未必愧成康。"

然而,父子经历、个性及治国理念却存在巨大差异,朱标为人宽厚,治国也以"宽和"为本,这在朱元璋看来就是幼稚,读死书而缺乏帝王之术。明人徐祯卿《翦胜野闻》讲了一个很有名的故事:"朱标曾劝谏,'陛下杀人过滥,恐怕会伤和气'。太祖默然不语,第二天,命人将布满刺的荆棘放在地上,让太子捡起来。朱标迟疑面露难色,朱元璋说:'你不能拿,我就为你把上面的刺拔掉,难道不好吗?现在我所杀的都是日后对你构成威胁的人,除去他们对你来说是件莫大的福事啊!'朱标叩头说:'上有尧舜之君,下有尧舜之民。'朱元璋大怒,抄起椅子就砸向太子。"故事未必真实,但表达的信息却极符合历史事实。朱元璋开创的各项制度及其种种施政措施的着眼点,都是为了朱标在自己身后能够坐稳帝位。朱标的早逝却使他数十年的精心培养化作乌有，白发人送黑发人，其情悲凄可想而知。《明史》记："帝恸哭。"及当除丧服，"帝不忍"。

悲痛之余，朱元璋将爱子葬于孝陵东侧，赐谥号"懿文"。而他的"爱"常始料不及地变成了"害"，如他最看重的嫡长子这支，在朱棣夺位后，几乎被迫害殆尽。建文幼子朱文圭被禁锢于凤阳高墙内，直至天顺元年（1457），有同命相怜之感的明英宗才将他释放，任其定居凤阳。可怜他2岁与世隔绝，57岁才重获自由，连牛和马都分不清，不久后即死去。试想一下，如果最为年长、有着近20年执政经验的朱标坐上皇位，"靖难之变"是否能够发生？即便燕王起兵，又能否夺位呢？

溥仪一生做过三次皇帝堪称传奇，而朱标死后还当上了三次皇帝。建文元年（1399）二月，朱允炆诏尊皇考懿文太子为兴宗孝康皇帝、皇妣懿敬太子妃常氏为孝康皇后，尊母吕氏为皇太后。朱棣夺位后，建文朝史事均被否定，复称朱标为懿文太子。明朝中后期，不断有廷臣提议恢复建文帝的历史地位，囿于种种政治因素，终未有果，故朱标仍称太子。直至南明，福王朱由崧的弘光小朝廷才恢复了朱标夫妇的帝后称号。清乾隆元年（1736），乾隆帝召群臣廷议，决定谥朱允炆恭闵惠皇帝，《明史》专为朱标立《兴宗孝康皇帝传》，并附孝康皇后常氏与建文生母吕太后传。至此，朱允炆及朱标夫妇的历史地位才算稳定。

1999—2000年，考古工作者在明孝陵享殿东垣以东约60米处，发掘清理出一处建筑遗址。其总体布局与明孝陵相似，也由陵垣、陵寝大门、享殿前门、享殿及宝顶等建筑要素组成，但规模大为缩减，也缺少方城明楼。考古还发掘出大批建筑构件及其他遗物，其中琉璃构件最为精美，以绿釉制品为主，包括黄釉、绿釉龙纹勾头、素面勾头、龙纹、凤纹、西番莲纹滴水、彩釉螭吻、套兽、蹲兽等。之前为寻找东陵，在孝陵东西两侧曾开展全面调查，经过对实物及文献资料的综合分析，断定东陵应在孝陵以东，进而断定此处遗址为明东陵。又根据考古中未发现单独桥梁及神道石刻，推测父子共用一条神道的制度即开创于此，后为北京十三陵所继承。

刘毅《明"东陵"考索》(《紫禁城》2014年第A1期)则认为：1. 按文献记载，东陵终明之世，浅隘卑狭，仅能展安祭器品物，又以黑(琉璃瓦)饰。弘光朝始议"上尊号、易黄瓦、改故殿"，而政权立足未稳即告覆灭，应该没有进行过大规模改建。2.《南京太常寺志》记载南京太常寺少卿刘曰梧奏疏，称自孝陵"东去数百武为东陵，则懿文太子寝庙也"，一武等于三尺，即两陵相距数百米。3.《大明会典》等史籍记载孝陵东西有妃子墓。台北故宫博物院藏《江南各府道图表》[绘制时间当在洪武十四年(1381)孝陵建造之前]显示，当时孝陵陵域内尚无"孝陵"或"孝慈皇后陵"，仅标有"贵妃陵"，其墓主可能是卒于洪武七年(1374)的成穆孙贵妃。结论：今"明东陵"遗址极可能是成穆孙贵妃墓园，懿文太子东陵应在更东区域。

"明东陵"享殿遗存

"明东陵"出土的琉璃滴水

# 第二章 人物与轶事

## 第九节 明孝陵工程主持者李新被诛之谜

从洪武十四年(1381)朱元璋迁寺建陵开始,到永乐十一年(1413)明成祖撰写大明孝陵神功圣德碑碑文,明孝陵建设工程跨越洪武、建文、永乐三朝,前后延续了32年以上,但相关历史记载却很少,尤其是规划建造者、用工人数、费用多少等具体信息。俞本《纪事录》提到:"命甥曹国公李文忠,崇中(山)侯李新董督太平、应天、镇江等府民间石匠五百余人,凿山为穴,刻石成宫殿。"李文忠应该是挂名,且未见于其他史料佐证,故下文主要说说被俞本写错封号的明孝陵工程主持者——李新。

李新,安徽濠州人(今凤阳),也就是朱元璋的老乡。元至正十三年(1353)追随朱元璋,大概是徐达等首批投效朱元璋的700多人之一,算得上资深嫡系。他先后参加过攻打滁州、和州、采石、当涂、溧水、集庆(今南京)、镇江、江阴、池阳、金华、安丰、合肥等地的战斗,继而参加征讨湖北、攻克苏州、平定浙西的作战,因战功,一步步升为副千户、千户、指挥佥事等职。洪武五年(1372)任留守都卫佥事。洪武九年(1376),升任大都督府佥事(正二品)。后朱元璋改革军事体制,将大都督府一分为五,李新转任中军都督府佥事。

李新早期以军功起家,之后则以主持工程获重用。就现有的材料来看,李新主持工程始于洪武十四年(1381)迁建灵谷寺。迁寺也意味着开始建陵。洪武十五年(1382)八月丙戌,马皇后病逝。停灵44天后,出殡安葬。八月丙戌即公历9月17日,南京九月的天气,依然酷暑湿闷,冒着腐臭的危险停灵这么久,一方面是因夫妻情深及选择吉日,另一方面可能是等待地宫建成。

孝陵开工之时,没有料到马皇后会于次年入葬,所以马皇后病重及去世期间,施工进度必然大大加快了。虽然明孝陵地面上最重要的建筑——享殿,于洪武十六年(1383)五月落成,但洪武十五年(1382)十二月,李新即被封"崇山侯",食禄一千五百石(刘基被封为诚意伯不过240石),朱元璋诏书中称其:"乃者俾营孝陵尽心所事,卒底成功。"所谓"尽心所事",应该除了认真负责以外,营建中还融入了不少李新的设计思想,令朱元璋非常满意。不以军功封侯,李新算得上凤毛麟角了。

除了明孝陵,李新还负责过在鸡鸣山改建历代帝王庙,建鸡鸣寺等重大工程。

政治方面,李新的作为就远不如主持工程了,虽然也很会揣摩上意,但偏偏遇到了恩威难测的朱皇帝。洪武二十六年(1393)二月,朱元璋再兴"蓝玉案"。三月,"诛籍其家,见其服舍器用,僭侈踰制,上因诏翰林院稽考汉、唐、宋功臣封爵食邑之多寡,及名号虚实之等第,编辑为书,名曰《稽制录》。御制序文,颁示功臣,使之朝夕省览,以遏其奢僭。"(《明太祖实录》卷二百二十六)五月,李新和魏国公徐辉祖奏了一本,说公侯家的庄田、奴仆及佃户等待遇应该按照规定来,逾制的应当没收。听到这话,朱元璋自然点头称是。于是,武定侯、信国公、曹国公等人或交出田地,或交出奴仆或佃户。或许是这种政治投机,《明史·李新传》说:"新有心计,将作官吏视成画而已。"

洪武二十六年(1393)八月,为便于京师南京的粮食物资运输与商旅往来,缩短航运距离,朱元璋命李新前往溧水,主持开凿胭脂河。胭脂河位于溧水城西约4公里处,因两岸山岗岩石中夹杂着紫红色得名。这条人工运河在一条长约5公里,高约25至30米的石岗上开凿,采用"烧炼石,破块成河"的原始方法,其艰难可想而知。开河时,工匠还巧妙地将两处地势最高处留作溧水城西出的通道,下方凿空以通舟楫,形成著名的天生桥。

朱元璋谕之曰:"两浙赋税漕运京师,岁实繁浩。一自浙河至丹阳,舍舟登陆,转输甚劳;一自大江沂流而上,风涛之险,覆溺者多。朕甚悯之!今欲自畿甸疏凿河流以通于浙,俾运输者不劳,商旅获便,故特命尔往督其事。尔其涖事惟勤,役民勿暴。"(《明太祖实录》卷二百二十九)李新顿首受命而行,工程无疑是成功的,河成之后大家都觉得方便多了,达到了预期目的。

不过,仅两年后的洪武二十八年(1395)九月,李新"有罪伏诛"了。所犯何罪?《明太祖实录》没有说明,当年八月、九月发生的事件中也没有相关线索。有人猜测,李新死于"蓝玉案"牵连。但洪武二十六年(1393)八月,朱元璋诏告天下,今后"胡蓝同党"概赦不问。一般认为,这标志"胡蓝"党狱的结束。李新此时刚受命开胭脂河,即便受牵连,时隔两年后才被杀的可能性不大。再者,一般党狱被诛者也会写明:"坐与蓝玉党伏诛"。

《明史·李新传》对其死因也未作交代,言外之意可能与洪武二十六年(1393)进言得罪了一大批勋贵有关。但通过其他史料对比不难发现,《明史》所说《稽制录》出台与进言的先后顺序、李新与徐辉祖的主从关系均存在问题,至少有待其他史料的进一步证明。

《溧水县志》则提供了另一个线索,"父老相传云:李新尝私于民家,舍平陆焚石凿之,役而死者万人,太祖微行至,立诛之,以报役死者"。李新收受了当地富豪的贿赂,为避免他们的田产受损,不惜舍平地而去凿山岗,加大工程量,从而无端役死了很多修河者,事发被诛。这虽只是地方传说,但结合《明太祖实录》中朱元璋命"役民勿暴"来看,似乎有一定的对应关系。《明太祖实录》记事一般非常简略,但用大段文字记载开河的原因也有些异常。胭脂河旁至今还散落着当年的巨大石块,大的重数十吨,想必开河者死伤不在少数,相传天生桥东北冈阜之下还有"万人坑"遗址。如果《明太祖实录》有心说明开河的必要性及显著成效,并强调朱元璋爱惜民力,那么,李新因此被诛当有所明载,并把所有不当作为罪责加于其身。但《明太祖实录》并没有如此记述。所以,李新之死更显扑朔迷离。一个位列侯爵的功臣被杀居然连罪名都没有或懒得罗列,这也从侧面反映出朱元璋晚年的嗜杀残暴。

李新生前贵为崇山侯,却算不上显赫实权人物。就政治军事而言,他的表现远不及工程方面出色,或正因此,各种史料中才缺乏他的相关记载。但是,明孝陵、灵谷寺、鸡鸣寺、胭脂河、天生桥,这些南京的著名景点,却又是李新留下的物质遗产。

洪武迁葬宝志碑拓片

胭脂河与天生桥

第三章 ——— 下马步趋大金门

# 第三章 下马步趋大金门

明孝陵规模宏大，从起点下马坊到终点宝顶约 2 600 米。下马坊至大金门区域可视为陵寝的引导区，以往推测下马坊的建造时间所引史料有误，历史上下马坊是否仅有这一座，明代谒陵如何行进，仍是一连串疑问，或者说仍停留在缺少实证的推测层面。2007 年，禁约碑附近高浮雕龙纹石刻的出土，再添诸多疑团。因环境拆迁整治及打造明文化景观，此片区域还建亭安置了观音阁大石壁、清康熙奉旨蠲免三则碑等极具历史价值的文物，并兴建孝陵卫大营景观，布置多处石刻沿途点缀。

明孝陵复原示意图

## 第一节　下马坊规模及历史位置之谜

下马坊是明孝陵入口处的标志性建筑物，为一间两柱冲天式石雕牌坊，高约 9.00 米，净宽约 5.12 米。柱横截面做抹角方形，两柱前后及外侧以石抱砌，表面雕有云纹；柱端饰有云板、云罐，内侧雕梓框，镶入大额枋，额上正反两面横刻楷书"诸司官员下马"六个大字，警示各级官员到此须下马步行，以保持对墓主的尊崇以及陵区的肃穆。下马坊东立有明嘉靖年间的"神烈山碑"、崇祯年间的"禁约碑"，从而形成了一个相对独立的引导区域。

下马坊具有质朴简约的典型明初风格，与朱偰《金陵古迹名胜影集》中"明故社稷坛石坊"造型如出一辙。然而社稷坛东、西、北三面各有一座，所以孝陵是否只此一座，或者如明十三陵、清东陵那样，另有一座宽达30米的大牌坊,当存疑问。

几乎所有相关书籍,都将下马坊建造时间定于洪武二十六年(1393)。理由是《明史》记载,"(洪武)二十六年令,车马过陵,及守陵官民入陵者,百步外下马,违者以大不敬论",推测牌坊是遵此令而设。很多学者对此深信不疑,包括业内"大咖"著述,并将其作为立论的基础。其实,《大明会典》即有相关记载:"陵寝禁例。洪武二十六年令,车马过陵者,及守陵官民入陵者,百步外下马。违者以大不敬论。"这记载与《明史》中的极似,可能《明史》由此抄录而来。不过,《大明会典》的编修时间距洪武朝已逾百年,作为典章制度的汇总,有所缺失或不去记载细节亦属正常。

洪武二十六年(1393)当时是怎么记载的呢?《明太祖实录》(卷二百二十八)记的是:"(洪武二十六年六月)申严皇陵禁令,凡车马过陵,及守陵官民入陵者,百步外下马,违者以大不敬论。"这里皇陵专指凤阳明皇陵,《大明会典》《明史》抄录的时候少写了五个关键字。所以,明孝陵下马坊与这条禁令无因果与直接关系。孝陵下马坊既可能之前已建成,也可能之后才修建,而之后,或进一步说永乐年间修建的可能性更大。因为陵寝建造顺序都是先地下,再地上,先陵宫区,再扩展至神道、碑亭等外围,如十三陵石牌坊建成时间距离长陵初建已有130余年,其他理由后文再作解释。细说这个问题不是为"杠",而是这个点错了,就会误解明孝陵各部分的建造时间与先后顺序,以至于深陷谜团,难以理清头绪。

今天下马坊位于中山门大街(宁杭公路)北侧约20米处,这是被移动后的位置。根据历史资料,下马坊原位于路正中。当然,下马坊是这条路上最早的建筑,跨路而建,明代属于"军事管理区",清代及民国早期此地仍人迹罕至。从老照片看,20世纪三四十年代才渐有生活气息,路面虽做过简单处理方便车辆通行,但宽度与当初相差无几,车辆依旧由坊下穿行。

第三章　下马步趋大金门

　　南京市档案馆档案显示：1948年3月，首都警察厅东郊警察局给当时中山陵园管理机构——"国父陵园管理委员会"发函称："查本局境内遗族学校下坡处有下马坊牌坊一座，横跨公路，因日久为风雨剥蚀，势有倾斜。惟该路为京杭国道，交通频繁，设若撞触，则生危险。为防范计，特此函请查照，设法予以拆卸，以策安全为荷。""国父陵园管理委员会"接函后，辗转交由南京市工务局下属的一家工程处办理。[《明孝陵史料汇编（下）》]遗憾的是，拆除方野蛮施工，用当时先进的工程机械推土机，直接将下马坊推倒，导致横额裂成两段，两侧石柱折成若干段，构件堆放在公路两边，石柱础残留在原处。

　　直到1980年，南京市文物保管委员会报经江苏省和国家文物局批准，将弃置多年的下马坊构件修复衔接，因交通安全原因，由原址北移约20米，但朝向和标高不变。不过，这也直接造成了"神烈山碑""禁约碑"与下马坊相对位置的改变，即两碑刻字面朝向马路、空白面朝着坊下的尴尬。2003年，中山陵园管理局对下马坊区域实施环境整治改造，后又布置石刻文物、新建景观，形成一座充满明文化气息的下马坊遗址公园。

下马坊旧影

明故社稷坛石坊

**明故社稷坛全景**

## 第二节　下马坊朝向与双面刻字之谜

　　下马坊真正令人奇怪的是它的朝向。作为明代谒陵的必经之地，下马坊是东西向，而大金门、陵宫区内重要建筑均为南北向，也就是说，过坊后神道必须折向90度才可以进入陵区，这似乎有点别扭。

　　一种解释是坊"坐西朝东"，因为谒陵需要从正南"正阳门"（今光华门）出城，然后由麒麟门或沧波门绕行至下马坊。但这两条线路均在16公里以上，毕竟达官显贵不是都骑马，坐轿子的话速度等于步行，大队人马至少需要4小时，这对清晨举行的谒陵仪式有点勉强。

　　关于双面刻字。如果下马穿坊而行，回来时自然是无马步行，坊上另一面"诸司官员下马"警示岂不多此一举？而附近其他碑刻均为单面刻字，说明并没有双面刻字的惯例。

　　几者结合，笔者妄测：下马坊本居于路中，双面刻字是为警示两侧来者均须至此下马，因后世竖立"神烈山碑""禁约碑"，产生了相对位置，被误以为"坐西朝东"，进而认为谒陵必须由东至西穿坊而行，再转弯进入神道。其实下马坊东西两向均可谒陵，坊与神道未必直接相连,也未必须要穿行其间,南北向主神道上可能还存在过其他牌坊。那让人误解的"神烈山碑""禁约碑"为什么立在坊的东侧而不是西侧呢?可能西侧是卫岗高坡,今天即便做过降坡处理,坡度仍很陡,当年如果竖在比坊的海拔高的位置,有喧宾夺主,甚至僭越的嫌疑。

明十三陵起点处也立有石牌坊一座。此坊建于嘉靖十九年(1540),形制为五门六柱十一楼仿木结构,面阔28.86米(明间宽6.46米,次间各5.94米,梢间各5.26米),高14米,南北走向,与神道及主体建筑方向一致。各楼上雕有正吻、垂兽、走兽等,又依木构件形状雕有檐椽、斗拱、平板枋等。上部覆以单檐庑殿顶,兽、吻、勾、滴均制作精细,下刻斗拱。六根石柱下有础盘,雕刻覆莲瓣,夹柱石表面雕龙或狮,上部雕有六对麒麟。坊身各部位原有彩绘。虽然十三陵牌坊相当精美壮观,不过,却不是警示下马步行之用。因陵园总大门——大红门(相当于明孝陵大金门)前左右两侧各有石碑一座,上刻"官员人等至此下马",称"下马碑"。

清东陵入口同样设有五门六柱十一楼石牌坊一座,通高12.48米,面阔31.35米,较之明陵更加宽阔宏大。清西陵甚至用了三座通高12.75米、面阔31.85米、大小相等的牌坊。与明代不同,清代不仅在陵园大门外设下马碑,而且在每座帝陵、后陵前的适当位置均设与大红门外同样规制的下马碑,甚至每座妃寝前也设置了下马桩。这可能是考虑到:从陵园大门到各陵间距离较远,骑马或乘舆还是需要的,所以每座陵前再次置碑予以警示。

**明十三陵石牌坊**

清东陵石牌坊

## 第三节 "钟山"为何改名"神烈山"?

"神烈山碑"位于今下马坊东南约35米处,"神烈山"即孝陵所在钟山,该名称起源于明嘉靖十年(1531)。据谭希思《明大政纂要》载,嘉靖十年二月,诏改定四陵山名,上谕内阁:"文皇既封黄土山为'天寿山',今又拟显陵为'纯德山',而独钟山如故,于理未安。朕惟祖陵宜曰'基运山',皇陵宜曰'翔圣山',孝陵宜曰'神烈山'。"《明世宗实录》亦有此记载。同年九月,南京工部在孝陵下马坊附近竖立"神烈山"标志碑。

今"神烈山碑"高4.00米,碑帽宽1.49米,厚0.70米,碑身宽1.46米,厚0.67米,坐北朝南。碑额篆刻字"圣旨",碑身浅刻"神烈山"三个大字;东侧刻"嘉靖十年(1531)岁次辛卯秋九月吉旦";西侧刻"南京工部尚书臣何诏侍郎臣张羽立石"。根据考古发掘,"神烈山碑"周围分布着四个高约0.97米,长、宽约1.10米的柱础,即表明原建有碑亭。碑亭平面布局呈正方形,边长5.96米,四只柱础呈覆斗形,角柱均雕刻有如意云纹等图案,而今"神烈山碑"做工简单粗糙,推测与柱础出自不同时期。又据谈迁《枣林杂俎》记载："辛巳（崇祯十四年）孝陵曾重立神烈山碑石，户部给石价四千金，石出宜兴山中，实七百金。"因而，今日"神烈山碑"应该是崇祯年间照原样复刻，与"禁约碑"一起竖立的。

再说回"神烈山"的始作者，大名鼎鼎的修仙皇帝——嘉靖。嬉戏荒唐的明武宗31岁时就把自己给玩死了，他是个真正的"孤家寡人"，既无子嗣又无兄弟，朱元璋所立"先嫡后长、兄终弟及"的皇位继承制度至此显现出无奈的缺憾，于是依血缘亲疏上溯，选定藩王朱厚熜入继大统。

"兄终弟及"的本意是指同父兄弟，异父兄弟继承带来的麻烦是认谁为皇考（皇父）。朝廷大臣的主流意见是：你朱厚熜算是过继给武宗父亲朱祐樘做儿子的，不能尊自己生父为皇考。这在汉宣帝时已有过先例，也是儒家"嗣子不认生父"的理论体现。没想到，年仅15岁、个性极强的朱厚熜用"遗诏以我嗣皇帝位，非皇子也"作为依据，断然否决了意见，为生父地位与群臣展开了不懈的争斗，历时20年之久，史称"大礼议"之争。

朱厚熜在明代皇帝中智商一流，在位时间还排名第二，长达45年。他既有策略手段，又有恒心毅力，可惜多用在一己之私上。为达目的，他处心积虑采取渐进式改革，今天改点这个，明天改点那个，涉及称号、礼制、庙制、祭祀等诸多方面，通过一点点阶段性胜利而最终完胜。如诏改"钟山"为"神烈山"，即为其中步骤之一。结果神烈山、基运山、翔圣山、纯德山和天寿山被列入国家重大祀典，终明不改。

孰是孰非恐怕今天也很难说清，继承权力却不愿接受义务无疑是自私之举，但当了皇帝就不让认生父也确实有些不近人情，不知朱元璋泉下有知会如何处理？当然，"大礼议"不止表面那么简单，背后是初来乍到的新皇帝与旧官僚集团的权力之争，甚至不乏新兴王学与程朱理学的较量。但这对明朝政治的伤害是巨大的，新旧势力在角逐中内耗，跪在左顺门外抗议的130多名廷臣被集体廷杖，一次被打死了16人。投机分子受到重用，谄媚阿上之风盛行，政风日益败坏。

神烈山碑拓片

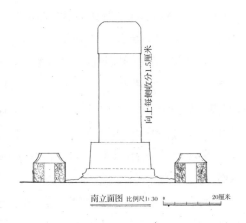

神烈山碑立面及柱墩花饰大样图

## 第四节 "禁约碑"因何而立？

"禁约碑"位于"神烈山碑"东侧约18米处，碑身高1.41米，宽5.23米，厚0.43米，立于崇祯十四年（1641）五月。碑文八百余字，首先讲孝陵风水关系国家根本，无奈年久法弛，种种破坏风水的行为不绝，再具体重申禁谕九条，仍有犯者处以极刑，决不轻贷。

崇祯在位的17年无疑是大明王朝最为动荡不安的时期，在天灾人祸接连不断的诱发下,二百余年积累的政治、经济、军事、制度等方面种种问题集中爆发了出来,以至于崇祯帝自己都哀叹非亡国之君,事事皆亡国之象。

勘察保护龙脉,实施"风水救国",也是他能想到做到的最简单办法了。之前天启年间,因努尔哈赤崛起,明廷便派人将位于北京房山的金代帝陵挖掘拆毁,并在每座陵前改建了关帝庙,以求镇压风水。当明末起义军势如破竹时,崇祯帝又派人到陕西米脂去毁了李自成家的祖坟。而张献忠打到凤阳后,一把火烧了明太祖朱元璋父母的明皇陵。

时任礼部右侍郎的蒋德璟在《查勘皇陵纪》中,详细记载了崇祯帝为帝陵风水专门召集勋贵、大臣商议的情况。时值宫中祈雨,斋戒中的崇祯帝破例又是赐座,又是赐酒宴,还给前去考察者发了路费、彩缎等赏赐,被大臣们慨叹为前所未有之高规格待遇。

考察的成果也就是"禁约碑"的内容了。其中有条说:明孝陵区域内"遇有枯槁树木,或雷火风雨伤损,务要以时补栽,枯木即行移运。仍具疏奏闻",这却给想捞好处的人找到了钻空子的机会。据张岱《陶庵梦忆》说,崇祯十五年(1642)"朱成国与王应华奉敕修陵,木枯三百年者尽出为薪,发根,隧其下数丈,识者谓伤地脉、泄王气。今果有甲申之变。虽寸斩应华,亦不足赎也"。刘献廷《广阳杂记》亦云:"崇祯季年,有言孝陵朽木甚多,恐致火灾,有旨搜芟孝陵朽木,内官因之斩伐无忌。数百年乔木,尽罹斧斤。孝陵杉板,沿街贱售矣。而百姓遂有'皇帝伐卖祖宗坟树'之语。不祥莫大焉!"照这么说,深受隆遇查勘风水的大臣结果还帮了倒忙。

清代官方定下的调调说:"故论者谓明之亡,实亡于神宗。"但崇祯帝本人对此就没有责任吗?有明一朝277年,阁臣共计160余人,崇祯帝主政只有17年,使用阁臣竟达52人,仅刑部尚书一职即更换了11任,兵部尚书换了14人,其间斩杀总督7人,巡抚11人,逼死1人,走马灯似地频繁换人,足见其急躁、猜疑、偏隘之性格。

在他的治理下,作为既得利益阶层的满朝文武勋贵却丧失了对于王朝的认同感与归属感,虽一再号召,愿意解囊助饷者却寥寥无几。皇亲武清侯李国瑞,装模作样将自家的房屋标价出售,拉家具到大街上变卖。岳父嘉定伯好说歹说之下才勉强掏出五千两,周皇后都觉得有点说不过去,偷偷给了父亲五千两让他再捐,这位奇葩国丈却只再交了三千两。还是这位国丈,据说在被李自成用皮鞭抽打得死去活来时,居然交出了三百万两白银。朝中大臣不管真穷假穷,反正个个哭穷,结局也大抵如此。

另一方面,饮鸩止渴的"三饷"的加派早已大大超出底层民力所能承受的极限,造成"十室九空",甚至"人相食"的惨状,结果是附"贼"者日众一日的恶性循环。伴随着一次次错误的发生,"罪己诏""禁约碑",甚至对于天主教的向往,也丝毫无补于恶化的时局。崇祯帝个性的悲剧一步步演变为人生的悲剧、国家的悲剧、大明王朝的悲剧。

禁约碑拓片

## 第五节　近年出土的"龙纹石刻"用途之谜

2007年9月,在"禁约碑"附近发掘出土了若干柱础石和高浮雕龙纹的大型石刻残件,柱础石应为"禁约碑"矩形碑亭部件,而龙纹石刻的用途则令人费解。

## 第三章 下马步趋大金门

石刻残件共有三块,两面均雕有云龙图案,原为一整体,现已残损无法完整拼接。三块宽度均为1.18米,厚度均为0.40米,总长5.1米,边缘雕有0.18米宽的如意云纹。最大的一块中间高浮雕一条昂首五爪龙,全身满刻鳞纹,造型生动,雕工精美。其中有龙尾块一端出榫,榫长0.18米、宽0.20米。

三残块并非出自一条龙,按照中国传统建筑对称的习惯,另一侧还有一条对应的龙,或者本为"二龙戏珠"图案。就出土地点而言,似与禁约碑有关,而双面雕刻图案,最有可能是碑亭四周的栏板。但也有不同意见:就已见碑亭形制及如此宽大尺寸,不大可能是碑亭建筑构件,如禁约碑碑身仅厚0.43米,而栏板厚达0.40米,比例无疑失调。加之崇祯年间国家财政窘迫,这种成本高昂的做法势必难以负担。所以,与禁约碑柱础埋在一起,并不能说明其是禁约碑,或者其他碑亭的一部分。

江苏省地震局退休高级工程师郑友芳认为,这可能是明孝陵前大石牌坊的构件。他按龙身与龙尾1∶1的常见比例,利用残石云纹边框,以宝珠与龙首习惯距离比例设定,通过电脑模拟复原拼接,推测单龙图案(不含两头榫头长度)石刻原件长度约为3.70米,单龙戏珠的话约为4.14米,双龙戏珠的话约为8.00米。进而设想,卫岗坡附近,四方城与大金门轴线上,可能有过一座南北向大石牌坊,这三块石刻,即为牌坊中门坊额上双龙戏珠纹饰的残件。明孝陵神功圣德碑、石像生、享殿、方城明楼等建筑体量在明清皇家陵寝中均名列前茅,建有巨大的石牌坊也属情理之中,反倒是仅有一座宽约5米的下马坊略显寒酸与不协调。

当然,合理的解释未必是正确的解释。此观点亦不乏质疑:该石刻所用石质较差,以如此细小的榫头连接,虽然两端可用角撑之类的辅助支撑物,但8米左右的跨度,在自身重力作用下能否保证安全,是一个很大的问题。其实这倒不难解释:榫头可能仅做嵌入用,未必承重;一条龙可能是牌坊一间的坊额(未必是明间,也可能是次间或梢间),即便如"二龙戏珠","珠"也可以刻在中间支撑柱上,单龙近4米的跨度比下马坊约5米的跨度要窄,也无不妥。

无论哪种猜测,更加难以解释的是:这是什么时期建的?因何残损弃置?其余部件又去了哪里?构件都能壮奢如此,其主体建筑为何不见诸文献记载?

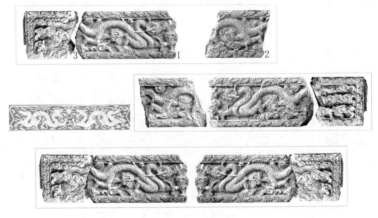

龙纹石刻模拟复原图

## 第六节 "观音阁大石壁"之谜

2002年3月15日,宁杭公路拓宽工程拆迁中,在原手表厂职工宿舍区,砌在一户居民墙中的一块明代石壁重见天日。这块石壁的来头可不小,是明成祖敕建观音阁的遗物,被作为奇观屡见于历史文献。

明代葛寅亮《金陵梵刹志》卷七记载:"观音阁在都城外,即所统灵谷寺下院,东去寺五里,西去朝阳门三里。太宗文皇帝尝顾瞻山麓有气不散,命工琢石肖形,构阁以记其处。正德庚午,毁。越五年,募缘重建。中石壁，光莹如镜。"

结合明正德年间南京兵部尚书乔宇的《重修观音阁记略》，大致说当年明成祖谒孝陵曾经看见钟山南麓有气"轮菌芬郁"，即高大而香气浓郁，良久不散，很是惊讶。于是命工匠仿气刻石，并在此处建阁纪念。这应该是朱棣夺得皇位不久的事，颇似晋人看钟山山顶紫气祥云缭绕的意思，无非借助"祥瑞"证明自己是真命天子，以此稳定统治与民心。

正德五年（1510），观音阁毁于火灾。萧姓太监募缘重建，直至正德九年（1514）才完成筹备，次年阁成。复建后的观音阁内有金刚殿三楹、观音殿三楹、左右碑亭各一座、正佛殿三楹、毗卢殿三楹、后卷蓬一楹、官房二十楹、僧院十房，算是中刹，下面还管领一座小刹——苜蓿庵。

晚清太平天国与清军激战于钟山南麓，观音阁毁于战火。1864年，信奉佛教的湘军将领成东昂重建寺庙，并改"阁"为"寺"。据附近老人回忆，观音寺有几进院落，古树参天，院内有水井几口，井水甘甜，一直到'文革'前才被废弃。也有居民说："日伪时期，陵园公安九分局驻扎于此，当时石壁前留有佛像、莲花佛座等遗物。"

观音阁自然要供奉观音，观音像今已无存，也鲜见于记载。倒是那块"光莹如镜"的石壁，不绝于书。晚明孙应岳《金陵选胜》说成祖梦到观音大士，"有手提鱼篮之影"，于是建观音阁。阁中有石壁"高广几二丈，厚径尺，白皙红润，光可鉴人须眉。此钟山东岭石也，真堪与茅山争胜"。明末清初谈迁《枣林杂俎》、顾炎武《肇域志》则称之为"玛瑙石"，除了赞叹"光润如玉""光润有花卉、百物之形"外，均说永乐间采置，《肇域志》进一步说此石取自青龙山。康熙《上元县志》记载："孝陵外观音寺，观音座后壁一石，方一丈六尺余，大士背石坐。旁视之，大士眉发正印其间，如对镜然。"

民国时期，石壁依然作为重要石刻被记载。1924年出版的《中华名胜古迹续篇》说："今为大士庵，有观世音像石，高广各三丈许。光莹可鉴，亦称水晶屏。有孝感熊赐履书'水晶屏'三字，勒于石。"1932年出版的南京城市志《新京备乘》称之为"观音大士像石刻",云"殿上有石高三丈,广如之。背刻水晶屏大字,孝感熊赐履书。正面凿大士像,光泽可鉴,如坐琉璃中。追琢之工,妙绝千古。"

石壁在1982年被列为首批南京市文保单位,但囿于种种原因,一直保持作为墙壁使用,表面粉刷石灰的状态,使人难窥其原貌。借宁杭公路拓宽拆迁的机会,隐匿民居中的石壁得以移至下马坊遗址公园,建亭安置。

石壁为青石材质,高约4.50米,宽约5.56米,厚约0.50米。表面打磨工艺精湛,上方有一排六个字(多误以为梵文,实为尼泊尔文),意即观世音菩萨的六字大明咒——唵嘛呢叭咪吽。中间高浮雕火焰纹佛像背光,背光上有八吉祥图案。浮雕佛像背光填以红绿彩,表面有金箔粘朱砂痕迹,至今仍依稀可见。石壁背面浅刻"水晶屏"等文字,题写者为熊赐履。熊赐履在清康熙年间曾任武英殿大学士兼刑部尚书、礼部尚书等要职,还曾担任编修《明史》的总裁官,是清初颇具影响的一代理学大师。"水晶屏"三字也是南京地区首次发现他的亲笔题刻。

那么,当年朱棣见"有气不散,命工琢石肖形",雕琢出的是"千手观音像",还是大石壁呢?六字大明咒是由藏传佛教发扬光大的,为什么石壁刻字不用梵文、藏文、汉文,而用尼泊尔文呢?

**观音阁大石壁**

# 第四章

## 永乐的遗产

第四章　永乐的遗产

明孝陵始建于洪武十四年(1381)，建文朝(1399—1402)有无营建不得而知，永乐无疑是整个工程的完成期。结束标志一般认为是永乐十一年(1413)九月，即大明孝陵神功圣德碑的落款时间，但严谨说来是不早于此的，毕竟从御制碑文到刻碑、建碑亭需要几个月甚至更久时间。或许是使用了非习惯称呼的"孝陵门"，永乐九年(1411)建大金门这一重要史料长期为人所忽视，这既说明了大金门崇高的历史文化价值，也为解开诸多谜团提供了一把钥匙……

## 第一节　大金门的历史文化价值有多高？

大金门是明孝陵外郭城的正门，也是正式进入陵园的第一道大门。门向朝南，面阔26.66米，进深8.35米，有三座券门，中门较大，高5.24米，宽4.15米；左右侧门较低，高4.45米，宽3.54米。整座门下部为石质须弥座，腰上浅浮雕椀花，与观音阁大石壁须弥座上的图案基本相同，须弥座以上为砖砌。大金门屋面已毁，屋檐下以石制挑檐代替斗拱，这是中国传统建筑晚期常见的仿木结构做法。1964年清理顶部，发现黄色琉璃瓦及绿色琉璃椽子等实物。结合遗存结构推断：屋面为单檐庑殿顶，施以黄瓦绿椽，门洞为朱红双扉。

《明太宗实录》卷一百十二记载："(永乐九年正月)乙酉，建孝陵门，如大祀坛南天门之制。"这里的"南天门"不是《西游记》里天庭的入口，而是洪武大祀坛的南门。中国重要建筑多坐北朝南，故南门即正门。洪武大祀坛即天地坛，朱元璋认为王者父天母地，于是天地合坛而祭。朱棣在北京则分别建天坛、地坛祭祀。洪武大祀坛早已无存，而依然保持着明初原真性的大金门，其珍稀性与历史文化价值不言而喻。

单檐庑殿顶覆黄色琉璃瓦三洞双扉朱门，也是明清皇家重要建筑正门的标准形制。明十三陵、清东陵、清西陵均是如此，不过都称"大红门"，而且体量都比孝陵更大，如十三陵的面阔37.85米，进深11.75米；清东陵的面阔58米，进深11.15米；清西陵的面阔34.8米，进深11.35米。但三者下部皆以砖砌，没有使用石质须弥座及雕花装饰，其精美复杂程度不及孝陵。北京天坛南门同样的形制，也以砖砌底部。因而，孝陵大金门是现存最早、底部带有须弥座及雕花装饰的正门。

正门两侧接环绕整个陵区的红墙，现左右山墙上仍留有连接的痕迹，左右墙体上另开有角门。大金门朱红双扉大门常年紧闭，除了皇帝、亲王外，其他人还没有资格由此通行（理由后面再说）。无故擅入陵区者要被惩处，反之，该来不来也不行，《大明会典》规定："亲王之国过南京者、官员以公事入城者，俱谒陵。出城者，诣辞。"

"大金门"称呼的来历，文献不见记载，前人也没作过解释。清末石源曾绘有题为《皇陵京门昔日之光景》的大金门白描图，将"金"写作"京"，会不会是一种解释呢？但图中大金门与碑亭顶部形制均被想当然绘错了，显然作者对古建筑及明孝陵并不了解，所以标题"京门"应是笔误，不具有实际意义。

正常情况下，"红门"是明清皇家陵寝正门的标准称呼。孝陵历史上也有座"西红门"（接京城朝阳门旁城墙），在嘉靖《南畿志》都城图中即标注为"红门"，可能是陵园早期正门。大金门是后建的正门，若以方位论，其实是"东红门"，但东、西红门并称则无法突出正门地位，于是另起名称，并将之前的红门习称为西红门。简单说来，在已有"红"的情况下，用"金"来代表显得更高级、更重要。如明皇陵由外及内有正红城、砖城、皇城三层城墙，三座城墙的正门分别称正红门、红门、金门，从中不难看出"金""红"同义，先"红"后"金"。至于明孝陵为什么要另辟正门，正门又为什么不在陵宫中轴延长线上，而是偏于一隅，将在后文进一步分析。

20世纪20年代，为孙中山奉安大典修建陵园路时，将大金门与碑

第四章　永乐的遗产

亭本处于同一高度的连接空间割裂，直至 2008 年，才以架设人行栈桥的方式恢复。

大金门旧影（约 1910 年）

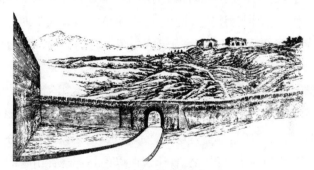

清末白描图中的"西红门"

## 第二节　明代孝陵范围有多大？

关于明孝陵的范围有多大，一般都会引用康熙《江宁府志》的记载："沿山周围，缭垣四十五里，王门、西红门、后红门、东西黑门、神宫监、孝陵卫环之。"更有甚者，为了统一成现在通用长度，将孝陵外郭红墙说成 22.5 公里。这就有点缺乏历史常识了，因为明代 1 里约折合今 576 米，清代也差不多，而 1 里等于 500 米在中国是 1929 年之后的事了。所以，无论康熙《江宁府志》说的是明代，还是清代的长度，都不可能是 22.5 公里。

孝陵外郭红墙建于永乐二年(1404)，个人认为这可能是朱棣在孝陵的首个工程。据《明太宗实录》记载："(永乐二年十一月)丙辰，上御奉天门召成国公朱能谕曰：'今天气愈寒，民筑孝陵垣墙者可悉罢归。未毕之工令军士毕之，军士就役者，日给之钞。'复曰：'朕今日夙兴，觉寒气袭体，因思百姓之劳，故命尔罢遣。尔不可因循稽缓，军士就役亦难，但旦出暮归，比百姓服役数百里之外差异，然亦宜恤之，毋尽其力，盖隆冬盛寒，非先帝陵寝，朕亦不劳之也'。"可见，筑墙者除了民夫，还动用了军士，这肯定不是几堵墙的小工程，应该是修建整个陵园外郭。朱棣还交代，不要因为让民夫返乡就"因循稽缓"，耽误工期，并解释之所以隆冬严寒依然赶工，是因为建造先帝陵寝的原因，不然自己也不会这么做。

明清易代后，外郭不再完整。康熙《江宁府志》中简单的几句应该是辗转抄录而来，45 里的数据也应有所张本，明初南京京城城墙长 59 里，所以孝陵面积还是相当可观的。那这 45 里外郭是怎么分布的呢？"沿山周围，缭垣四十五里"之语，让人误以为是环绕钟山一圈，其实远非那么简单。比如，钟山还分布有一些功臣墓，如吴良、吴祯墓在北山脚下，仇成墓甚至在北山半腰，如果外郭沿山而建的话，这些墓是圈进去还是避开绕行？如果圈进去，其后人扫墓是由孝陵进入，还是另辟便门？

有墙就有门，前面已经说了大金门、西红门，徐乾学《读礼通考》说："自大金门之西为王门，又西为西红门"，即王门位于两门之间。这三个门可不是随意开设的，而是相应关系的体现(可参见丁宏伟《明孝陵神道演变考》，《东南大学学报》1996 年第 26 卷第 6B 期)。西红门

## 第四章　永乐的遗产

是神道翁仲路的延伸,王门是明孝陵陵宫区中轴线的延长。而大金门,笔者认为正对的是头陀岭山顶。关于后红门,《读礼通考》说:"又有虎山,在宝城西南,迤逦而西北为后红门",即后红门在宝城西北。至于东西黑门,虽缺乏相关材料记载,但不妨推测:黑门等级一定低于金门、红门、王门,相应通行人员的等级也要低一些,谒陵所走的门及道路有着森严的等级规定,明代皇家陵寝三孔正门两旁都辟有角门,大金门作为主入口也不会例外,黑门大概便是角门的代称。所谓东西,指的是大金门两侧。

再回到45里外郭。从明代《金陵梵刹志》中"灵谷寺左右景图"可以看出,外郭西侧与朝阳门(今中山门)北侧城墙相接,东侧则避让出灵谷寺。同时《金陵梵刹志》记载:(灵谷)寺基五百亩。东至马鞍山,南至官路,西至神宫监,北至钟山官墙。这里的"官墙"无疑是孝陵外郭,也称为"皇墙"。而宝城西北后红门的位置,也说外郭仅止于宝城后不远处,这回答了仇成等功臣墓不会被包括在内。其他部分如何分布,则有待于更多史料的发现。

**历史陵门想象示意图**

**灵谷寺左右景图**

## 第三节 神功圣德碑上都写了啥？

过大金门数十米便是大明孝陵神功圣德碑。碑上建有正方形碑亭，边长约 26.86 米，四面各开券门一洞，高约 7.42 米，宽约 5.13 米。亭下部为石质须弥座，束腰处浅雕椀花，须弥座之上为砖砌。亭顶部毁于清代，长期仅存四壁，俗称"四方城"。依据遗存结构，结合十三陵长陵等碑亭资料推测，碑亭顶部原为重檐歇山式，覆黄色琉璃瓦。2013 年，管理部门予以加顶保护。

一般墓前，哪怕是平民，也会有块墓碑，记载墓主姓名、籍贯、生卒年、配偶子女等基本信息，有点事迹功业的更要夸耀一番。帝王陵墓就更少不了这个，明代称之为"神功圣德碑"，简称"神道碑"。

墓碑及碑文多出自墓主亲朋好友，自己给自己"竖碑立传"那就是个贬义词了。"大明孝陵神功圣德碑"碑文出自朱棣亲撰，长达 2 746 字。首先记述了朱元璋起兵征战、建立明朝的过程，然后是其开国后的各项作为及善政德行，这也是所谓"神功圣德"的主要内容，接近整个篇幅的一半。除去歌功颂德的溢美之词，祥瑞神助的天命故事，其不失为一篇提纲挈领、全面概括总结朱元璋生平的简传。

接着，碑文简介马皇后，罗列皇子（24 人）、公主（14 人）、封王皇孙、封世子皇曾孙等重要皇室成员，男性镌名，女性只记封号，作为可靠的第一手资料，这里的排行与名字可补《明史》等记载之不足。

再下来就是对朱元璋历史地位的定调了。"皇考皇帝，除暴救民，实有难于汤武者。自商周之后，享国长久称汉、唐、宋。然不阶一旅而得天下者，惟汉高帝，我皇考迹与之同，而功业过之。盖元氏入主中夏，将及百年，衣冠之俗，变为左衽，彝伦斁坏，恬不为怪，上天厌之，遂至大乱。皇考起徒步而靖之，修复□□，甄陶六合，重昏沈痼，一旦昭苏,大功大德,在天地,在生民,固不待予小子之赞扬。"此文大意说父皇革命的难度,超过商汤与周武王。汉、唐、宋是商周以后立国最长的朝代,只有汉高祖刘邦和父皇出身事迹类似(意指平民出身、得位也正),但父皇功业更大,因为他恢复了传统习俗文化、再造华夏……

最后是朱元璋事迹功绩的四字颂词形式,这部分约占整个篇幅的20%。

碑文还有两处比较有意思的地方。一是前文提到过,对朱元璋"龙髯长郁,然项上奇骨隐起至顶"的外貌描写,也说明"奇骨"是帝王之相的特征,清修《明史》以及一些画像突出这点并非诋毁丑化之意。二是说"陵(墓)预作于钟山之阳,因山为坟,遗命不藏金玉,器用陶瓦",以示节葬美德。以朱元璋夫妇的布衣本色,薄葬简葬的可能性还是很大的。当然,朱棣这么说也不排除障眼法之意。毕竟,"遗命"是给建文帝的,具体怎么执行,以及陪葬品实际情况,除非朱棣查阅相关记录或询问当事人,否则他也无从知晓。

自明孝陵开始,后世皇帝为墓主皇帝修建神道碑成为明清皇家陵寝的标配。凤阳明皇陵也有朱元璋亲撰的碑文,但他父亲恐怕除了生他,谈不上有过什么"神功圣德",于是通篇记述自己经历,不过碑的位置放在神道南端西侧。朱棣表面上为父亲竖碑,却将碑放在神道正中,自我突出的意味明显。

北京昌平十三陵中朱棣的"大明长陵神功圣德碑",通高约7.91米,碑身正面刻仁宗朱高炽为父亲撰写的碑文,长达3000余字。其他三面明代本无文字,清代相继添刻乾隆、嘉庆诗文。与孝陵形制不同的是,长陵碑亭四隅各立有白石华表一座,文献称"擎天柱"。华表高约10.80米,基座为须弥座形。柱雕云龙纹,顶部有云板,顶端圆盘上各有一蹲立异兽,俗称"望天吼"。朝南者俗称"望君出",寓意盼望君王深入民间,体察民情,关心百姓疾苦;朝北者俗称"望君归",寓意期待君王早日归来理政。

## 探谜明孝陵

除朱棣的长陵和崇祯的思陵（无神功圣德碑）外，明十三陵中的献、景、裕、茂、泰、康、永、昭、定、庆、德11座帝陵的神功圣德碑皆为无字碑。其中前六座陵初建时并无碑亭之设，是嘉靖二十一年（1542）补建而成的。明世宗满脑子都是如何让生父享受到皇帝同等待遇，没想到朱元璋有"儒臣粉饰之文，恐不足为后世子孙戒"的祖训，结果一堆碑文等着他写。亲自撰写几篇碑文对他来说也非难事，主要是抵触情绪作祟。"大礼议"之争使他对孝宗、武宗，以及孝宗皇后张氏、武宗皇后夏氏等心生愤恨。以明世宗自私偏狭的个性，他宁可所有碑文都不写，也不愿为他们写上一字。此后五座帝陵虽然立了碑，但碍于之前六陵未有碑文，也就不便再写碑文了，于是都成了无字碑。

清代神功圣德碑模仿明制，又有所不同。首先是名称，顺治孝陵称神功圣德碑，康熙以后更名为圣德神功碑。"神功"与"圣德"虽只是前后顺序的变化，却

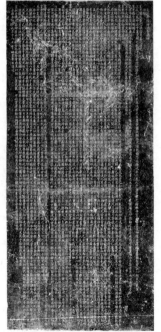

大明孝陵神功圣德碑拓片

道出开国君主与守成之君的区别。另一个不同是双碑之制，这也是清代帝陵的独创，也始于康熙之景陵。对此雍正帝在诏书中解释说："皇祖仁皇帝在位六十余年，功德隆盛，文章字数甚多，一碑不能尽载，建立二碑，一刻清文，一刻汉文。"这种双碑制延续至嘉庆帝的昌陵，从道光帝的慕陵开始裁撤，直至清末也未再设。

第四章 永乐的遗产

明长陵碑亭及华表

清乾隆裕陵双碑

## 第四节 驮碑的动物究竟叫啥？

大明孝陵神功圣德碑通高8.78米，碑额高浮雕盘龙，碑身正面刻字，碑座为昂首巨龟，这也是隋唐以后碑的标准形制，其称呼上为"螭首"、下为"龟趺"。螭有无角龙、螭虎龙等多种说法，简单说，碑螭首的螭是蛟龙的一种，躯体粗壮，其形盘曲而伏者，也称蟠螭，而非古建筑中用于排水口装饰的螭首散水。

龟在古代社会前期的地位曾神圣而显赫。早在原始社会，龟就受到中国先人的顶礼膜拜。随着文化的发展，龟崇拜的内涵也不断丰富，这在大量的古代神话中都有所反映，如称黄帝是龟的传人；女娲用龟足支撑起即将坍塌的天；龟背负神秘的"河图"献给伏羲；大禹治水也得神龟相助等。"麟凤龟龙"四灵之中，唯有龟非人类臆造之物。古人认为，龟背"上隆象天"，腹甲"下平法地"，龟甲图案是星宿或五行八卦二十四节气的象征，龟是最早的历书，加上长寿等原因，龟居然能"知天之道，明于上古"，"先知利害，察于祸福"，成为传达上天旨意的使者，龟甲占卜风行数千年之久。《史记》亦说，听从龟之预言，能使天下归服,得名龟之人,"家必大富至千万"。古人以龟为宝,自然免不了将其用作器物的装饰,如龟鼎、龟旒、龟印、龟符等等。

龟出现于墓葬之风,亦可追溯至原始社会,而那时只是用龟甲。汉代墓葬中则发展到用石龟、铜龟支棺。及至南北朝时期,龟碑的使用蔚然成风。龟趺成为制度始见于《隋书》"礼仪志":"三品已上立碑,螭首龟趺。趺上高不得过九尺。七品已上立碣,高四尺。圭首方趺。"自此成为定式,一直沿用到明清。龟在墓葬中的广泛应用,与其重心低与负重神力密不可分,神力源自传说中巨龟背负海上神山的故事,所以龟趺底部常刻有浪涛纹。

而从元朝开始,龟的地位一落千丈(有学者认为原因在于草原游牧民族不崇龟),被用来嘲笑妻子与他人有染的男子,更被民间戏称为"王八"。清代赵翼《陔余丛考》还专门写了篇《讳龟》予以介绍。随之有趣的转变是,龟趺由基本写实发展出了胡须、发髻等龙的特征,变成了不龟不龙的怪模样。

明代,从皇帝到百姓都对"龙生九子"感兴趣,文化精英引经据典,加上个人发挥,推出各自版本的"龙子"。文坛领袖李东阳说:"霸下,平生好负重,今碑座兽是其遗像。"才子杨慎《升庵集》则说:"赑屃,形似龟,好负重,今石碑下龟趺是也。"最终"滚滚长江东逝水"的作者被皇帝认可而胜出,"赑屃即龟趺"广传天下。

其实,赑屃一词东汉张衡《西京赋》中即有使用,所谓"巨灵赑屃,

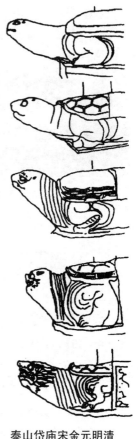

泰山岱庙宋金元明清龟趺头部形象线图
(引自刘慧,等:《说龟与赑屃》,载《民俗研究》2003年第4期。)

第四章　永乐的遗产

高掌远蹠"。唐代李善解释:"巨灵,河神也,巨大也;赑屃,作力之貌也。"赑屃作为"有力的样子"的形容词,后引申为指代鳌龟的书面语名词,如宋仁宗时修订的《集韵》说:"赑,赑屃,鳌也。一曰雌鳌为赑"。当然,这种用法大概属于精英文人的博学知识,一般人无从知晓。所以同处宋代,60多年后"工科男"李诫编写的《营造法式》却说:"造赑屃鳌坐碑之制:其首为赑屃盘龙,下施鳌坐。"意思是碑额盘龙是赑屃,下面碑座是鳌。《营造法式》是北宋官方颁布的建筑设计、施工的规范书,其受众及影响更局限于专业范围内。对"赑屃"的认知混乱,其实是"文科生"与"工科生"各说各话的结果。

驮碑石龟于龟受崇拜时名为龟趺,当龟受辱时改称赑屃,并以此与龟划清界限,再一跃变身为龙种。其中这反映出的不仅仅是饶有趣味的崇拜变迁,更深层次的是折射出宋元以降,平民文化或市井文化日盛一日的强大影响力。

加顶保护前碑亭内景

## 第五节　烂尾工程——"世界上最大碑材"之谜

大明孝陵神功圣德碑是南京地区体量最大的一块古碑。1972年,

## 探谜 明孝陵

一位美国游客至明孝陵游览时，为其高大所震撼。回到美国后，在一家报纸"信不信由你"专栏发表了篇游记，根据自己目测介绍这一石碑高达20英尺（8.78米约28.81英尺）。一位艾奥瓦州（Iowa）的读者不相信世界上有如此巨大的石碑，还专门写信向南京旅游部门证实。

其实，这么大体量的碑还不是朱棣属意之物，他之前相中的石料是今南京江宁汤山西北的阳山碑材。永乐三年（1405），朱棣下令于城东阳山开采石材，石匠们用9个月开采出碑座、碑身、碑额三块石材雏形，碑座部分8.59米×23.30米×11.64米，重约6198吨；碑身部分9.84米×25.00米×4.00米，重约2617吨；碑额部分6.00米×11.74米×4.60米，重约862吨。据此推测完成后的碑总高近40米，总重近万吨。

碑座是碑材的基础，也是体量最大的一部分，四面打凿光滑，一侧仍完全与山体相连。碑座的下方内侧依山势凿出两个接近长方形的扁平洞口，外侧第三个洞口打凿了一半，准备插入圆木运输之用。

碑身是三部分中最长的一段，垂直于地面，侧卧于山体中。距离地面凿有近1.8米的缝隙，缝隙中有11个高低不一（0.4米～1.2米）的石凳，石凳沿中线等距排开，用于搁置开采后的碑身，中间空隙也是准备穿插滚木运输。明初大学士胡广曾至此查看，在其《游阳山记》中曰："永乐三年秋，皇帝因建碑孝陵，斫石于都城东北之阳山，得良材焉。其长十四丈有奇，阔不及长者三之一，厚丈二尺。色黝泽如漆，无疵璺。"所记应是碑身部分。

碑额开凿最为充分，已完全独立。下方也有三个断开的扁平洞口，其中一个已经完全凿穿，这些洞口的作用与上述相同。碑额四周还有14颗0.5米见方的凸起，或两或三，处于同一水平面，有推测是为雕刻螭首龙头、龙爪和龙尾所留，但就比例，以及运输风险损坏分析，更可能是为方便吊装运输的"抓手"。

阳山山体由石灰岩构成，石质坚硬光泽，是南京历史悠久的采石

## 第四章 永乐的遗产

场之一。但如此巨大体量的选材,避开了岩石中的杂质——色黑性脆的燧石,巧妙利用岩石裂缝和天然分割减少开采量,都体现出工匠对地质情况的认知与利用。石材开采的精细程度在碑身上体现得尤为突出,其表面光滑,边角锋利,钎痕细致均匀,说明了当时要求之高之严。

在缺少机械化、现代化设备的情况下,9个月的时间内完成到今人所见的进度,背后充满了血泪和艰辛。据说采石劳力须每人每天交验打下的石碴三斗三升,不能完成者一律处死。且工程中伤死、病死、累死的人也为数不少,因而阳山脚下形成了一处专门埋葬劳工的所在,是为"坟头村"。

至于阳山碑材为何成为烂尾工程,传统解释主要有"迁都说""天意说"。"迁都说"讲朱棣做上皇帝后,欲迁都北京,其主要建设精力也放在了北京,于是在孝陵改用了一块小许多的替代品,即现在的"大明孝陵神功圣德碑",阳山碑材自然弃之不用了。"天意说"指阳山碑材所在的坟头村,东有东流村,西有西流村,前有关桥村和锁石村。传说当时的著名术士周颠仙知道开凿碑材劳民伤财后,为了减轻百姓痛苦,编了一段偈语:"东边有东流(留),西边有西流(留),东也留,西也留,中间锁石锁坟头,关桥一道关,碑材搬不走,若想搬碑材,除非山能走。"其意思说天意注定碑材是搬不出去的。朱棣听闻偈语后,便下令停止了这项浩大工程。

其实,即便在科技发达的今天,阳山碑材这样的庞然巨物运输恐怕亦非易事,更别说600年前了。史籍记载,明初运送巨石的载重工具有多轮车和旱船两种。多轮车是32轮特制大车,需200人拖拽,200人扛铁圈随行维修,承载力不超过100吨。旱船类似滚木运输,北方可以通过严冬泼水成冰进一步减小摩擦力。显然,这两种方法都不适用于阳山碑材所在的丘陵岗阜地形,更无法承受哪怕最轻部分碑额800多吨的重量。所以也有人推测,朱棣本就知道阳山碑材无法运输,开采的目的只是向天下展示自己的"孝心"。坐稳帝位之后,碑材失去了政治道具意义，于是从"孝心工程"变成了"烂尾工程"。

2007年，经《吉尼斯世界纪录大全》认定，"阳山碑材"为"世界上最大碑材"。回到篇头，如果那位美国读者知道阳山碑材的高度与重量，惊掉下巴之余，不知道会不会亲自来验证一下。

阳山碑材

## 第六节　碑材与弃碑之谜

阳山碑材始采于永乐三年（1405），却仍不是最早开采的碑材。梁潜《神龟赋》云："永乐二年十月，皇上思惟太祖高皇帝成功盛德，将纪功孝陵，以告万世。既得碑，求趺未获。获神龟，乃并得趺焉。"

周晖《续金陵琐事》载："颐庵邹公济诗集云，永乐二年冬十月，幕府山阳访碑石，高广中度，寻于龙潭山麓，斫山求趺，既而神龟呈露，昂首曳尾，介文玄苍，形质天成，匪由磨琢。乃于龟下遂得趺材，适与碑称。"

## 第四章　永乐的遗产

姚广孝《神龟颂并序》云："洪武三十一年陟遐以来，至今永乐二年，已及七祀。今上皇帝陛下，为继体之君，受命膺箓，思念太祖神功圣德，夙夜靡宁，欲立碑孝陵，而未得其石，乃召石工四出寻采，而不有获。一日，工至龙潭。俄遇一石，长阔数丈，镢土深三丈，未见其根。偶于石罅中，得一石龟，仅盈尺，隆脊而昂首，蟠尾而藏足，其灵光烨烨射人，工获之而进焉。"

金幼孜《神龟颂并序》中云："洪惟太祖皇帝，功德之隆，如天地之大，亘万世而莫及。皇上缵承丕绪，思述神功，纪于穹碑。爰命工取石于龙潭山之阳。久之，惟碑趺未得。乃掘地三丈许，忽得石龟。隆然若蹲，形体之似，宛若生成。九畴参错，有自然之文。匠石惊愕，以为神异，遂奉以献于大廷。"

以上史料说明：永乐二年（1404）曾于幕府山开采出碑身石材，但未有合适碑座。后于龙潭山寻得盈尺"神龟"，进而在"神龟"处找到合适的碑座石材。于是文臣又是作赋，又是作序，借此歌颂朱棣乃"天选之子"，得位乃"天命所归"。当然，记载也说明大尺寸石材挑选之不易。那么，这套碑材是否制成了"神功圣德碑"呢？也难以确定。因今"大明孝陵神功圣德碑"的落款日期是永乐十一年（1413）九月十八日，从永乐二年（1404）采石至撰写碑文间隔9年似乎不合常理，更何况当时朱棣正急于收拢人心。

综合看来，永乐二年（1404）十月曾开采出一套碑材，因某种原因，次年在阳山再开采巨型碑材，又因某种原因，9个月后放弃。至于"大明孝陵神功圣德碑"用回之前的碑材，还是另选石材，无从得知。不过可以肯定，石材都不是我们今日之所见。因为宣德十年（1435）十月，"上（英宗）闻孝陵神功圣德碑损裂，令中官阮简同翰林院侍书程南云往，同南京守备襄城伯李隆、少保户部尚书黄福等，督工匠重建之。"（《明英宗实录》卷十）7个月后工毕，英宗还赏赐了主事官员和工匠。那么，最早开采的石料哪里去了？是废弃还是制成了碑？现存之碑是否为宣德年间所立，又取材于何地？

1999年11月底，大明孝陵神功圣德碑亭东南约100米处的山沟之中，发掘出土一块长5.73米、宽2.63米、高2.47米的龟趺。其西约30米处另有一块长4.8米、宽2.05米、厚0.67米的碑身。经研究，证实二者乃属一套，为明初遗物。之所以称为废弃，不仅因为此物倒伏于山野沟间，更重要的是龟趺加工尚未完成，碑身亦无字。虽未见碑额，但此物为孝陵之用无疑。何人所制？为何而制？因何废弃？便又成了新问题。对此主要有以下四种推测：

一、有无可能是明孝陵的"无字碑"？帝王陵前设立无字碑，始于唐代高宗李治和武则天的乾陵，始作者为女皇武则天，以后渐有沿用。凤阳明皇陵，也竖一座无字碑。朱棣在孝陵建碑时是否也有竖两碑的可能？后来由于某种原因，而放弃施工过半的龟趺及碑材？

二、有无可能是朱允炆当政时为朱元璋所制的神道碑？建文帝在位4年即被朱棣推翻，朱棣或出于政治上考虑，舍弃了建文时尚未完成的龟趺及碑材，而另去选料和开凿。

三、有无可能是朱棣为朱元璋雕制神道碑时，工匠在施工中发现石材不佳而放弃？因为出土的龟趺脖子下面有一条宽约3厘米的缝隙。不过，这条缝隙究竟是弃用前就存在的呢，还是在此后漫长岁月里受风雨侵蚀所致呢？

四、或者是朱允炆在追尊乃父朱标为孝康皇帝时，为其陵墓建碑所用。后因燕王朱棣发起"靖难之役"，严酷的战争环境，加之很快政权被推翻，终将碑材弃之不用。

明代无字碑都与嘉靖皇帝有关，皇陵那块无字碑也是他下令竖立而最终不着一字，所以明初不会有无字碑的设置。以朱棣的个性气魄，决定竖碑两块，一般不会轻易改变。而且两碑的材质、大小、尺寸应该一致，断无一大一小之理。即便有大小之分，那表示父亲功盖天地的无字碑也应比自己手书之碑更为巨大。

## 第四章　永乐的遗产

"建文帝朱允炆为父朱标或祖父朱元璋所立"说的问题在于，朱允炆在位仅4年，这期间连生父朱标的东陵升格改扩建尚未展开（碑为后人所立，一般制于陵寝完工后），又如何匆匆为生父制碑呢？即使其为祖父所立，试图抹去建文朝一切痕迹的朱棣大概不会任由其完好地弃置于自己所立碑附近。更重要的是，大金门、神功圣德碑的选址、建造均在永乐年间，建文帝事先选择此处竖碑的可能性微乎其微。

"石质不佳弃用"说相对可信，代表性文章如项长兴的《明孝陵弃碑——龟趺石》(《江苏地质》2003年第4期)一文。文中认为："龟趺驮碑"选取的石料石质为深灰黑色石灰岩，内含众多燧石团块，燧石质地致密，坚硬且脆，雕琢时极易破碎，不易于雕刻纹饰，故遭弃置。龟趺脖子下约3厘米的缝隙，当初可能只是条微型裂隙，后经长期风化形成今天宽度。

结合宣德十年(1435)重建损裂的神功圣德碑一事，显然存在石材不佳的问题。弃置的龟趺可能是运至施工现场后发现隐患，而另选替代品，不过最终成品20年后依然开裂损坏。今天的神道碑，虽不能确定是不是宣德十年的替换品，但也分布有道道宽大裂隙。之前讲阳山碑材，提到过避开燧石，那仅就表面可观察部分而言，内部究竟如何仍是未知数，加之运输过程中可能诱发或产生的问题，所以大型石材的选用多少存在"赌石"般的运气成分。

弃置的"螭首龟趺"碑材重约84吨，中山陵园管理局斥资10万多，由南京大件起重运输有限公司使用当时公司内最大的德国进口吊车，才将它迁移至1公里外的"红楼艺文苑"西北角组装安放。两相对照，可遥想当年运至孝陵之不易。

探谜明孝陵

弃置的"龟趺驮碑"

第五章　蜿蜒的神道

## 第五章 蜿蜒的神道

神道即古时墓前开筑的大道，又称为"隧道"。神道约在西汉始见于史籍，但不普遍。东汉光武帝时，陵前不仅筑有神道，还立了石象和石马。东汉高官大墓也多修有神道，并立石柱，刻上"某某官职某某君神道"字样。

神道之所以流行，一般认为与上墓祭祀礼俗有关。东汉明帝将元旦举行的朝贺皇帝仪式改在光武帝的原陵前举行。为此，他按宫殿式样建造陵墓寝殿，陵园门前自然要开筑类似宫前的大道，同时警卫人员及皇帝仪仗也复刻于陵寝，成为神道两侧陈列的石刻群。因而，陵墓前的石刻，首先具有警戒威仪的含义。古人迷信鬼神，墓前警卫除了官吏士卒形象外，还布置了想象中驱鬼除怪的神兽、象征祥瑞的珍禽异兽。当然，神道石刻数量的多寡和使用的品类，也是墓主身份等级的彰显。

若从下马坊起，至陵宫区正门终，明孝陵神道长约2 600米，这是广义神道。狭义，或者更常说的是专指神道碑之后布置有石像生的部分，这又可以分为石象路、翁仲路两段。石象路长约618米，呈西北走向，地势略有起伏，两侧依次布置狮、獬豸、骆驼、象、麒麟、马六种石兽，每种两对，一卧一立，相向排列，共12对24件。翁仲路长约250米，呈东北走向，两侧依次布置望柱一对，俗称武将、文臣各两对，一对有须，一对无须，以示年纪差别。石刻结尾处布置棂星门一座，标志着本单元的结束以及下一单元的即将开启。

神道是明孝陵最大的特色之一，石刻完整，保存较好，为南京地标风景。但因为相关文字记载的缺乏，不管是其蜿蜒曲折的走向，望柱居于中段的设计，还是石刻题材的选取，诸多观点争议不已。关于建造时间，之前默认洪武年间，现在学者多倾向于洪武末至永乐初，如果进一步解放思想，设想各建了一段，很多谜团也许就有了答案……

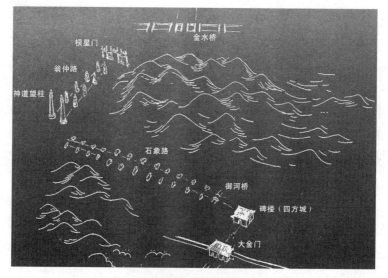

明孝陵狭义神道示意图

# 第一节 神道布局弯曲之谜

帝王神道如宫前大道，理应宽阔笔直，明代之前帝陵及高等级墓葬也确实如此。到了明孝陵，却呈现出奇怪的"匚"形。对此解释大致有以下几种：

一、"孙权看门"说。孝陵陵寝正前方横亘着50来米高的梅花山，昔日名曰孙陵冈，是三国东吴大帝孙权长眠之地。建造孝陵时，有筑陵者建议将其平掉，而朱元璋认为孙权也不失为一条好汉，留着为自己守门。因此，孙陵冈被保留下来，而神道便围绕着孙陵冈形成"匚"形。

二、"依照地形"说。朱元璋从一个横笛牛背的牧童、小行僧，开天辟地成为开国皇帝，行事多不拘泥于旧法，陵寝设计方面也多有革新之举。为了达到人工建设与自然形势的完美结合，神道完全依山势作回转曲折布置。暗合其曲折人生的经历。

三、"北斗七星"说。孝陵规划设计上采用象征手法，以北斗作总体规划，追求天地相融、天人合一。因此，朱元璋将孝陵主要建筑按照北斗七星的排列布局，从而使表现"斗身"的神道围绕孙陵冈环行呈"匚"状。

"孙权看门"说可谓历史悠久。前人大多引用明人张岱的《陶庵梦忆》："门左有孙权墓，请徙。太祖曰：'孙权亦是条好汉子，留他守门。'"张岱生于万历二十五年（1597），他的生活时代距孝陵建造至少200年。更早的郎瑛《七修类稿》即说道："孝陵城西门内有吴孙权墓，筑城者奏欲去之，诏曰：'孙权亦好汉子，留为门主。'遂止。"郎瑛生于成化二十三年（1487），虽比张岱要早不少，但仍距孝陵肇建百年有余。而两者大致相同的记述，可能皆源自民间传说。就史料学的角度而言，材料产生的时间与可信程度当存疑问。

"依照地形"说相对可信，但亦非绕山而行一种选择，若从大金门直接建造至金水桥的神道，即从山的另一侧直行，既省工省力，又可彰显气势。所谓人生缩影未免想象成分居多。

"北斗七星"说前些年颇为流行，至今仍为猎奇者所津津乐道，故稍后辟专章介绍。

在笔者看来，最主要因素还是风水方面的考虑。之前说过，形法派风水学思想中，很重要的一条就是"远朝近案"。简单说来，陵前需要一座孤耸秀丽的小山，作为"案山"（即今梅花山）。而神道必须处于"案山"与陵宫区之间，否则，"案山"将会失去意义。换而言之，之所以选择此处营建陵寝，"案山"的存在是必备条件之一，当然不会轻易改动，更不会将其削铲。明清皇家陵寝，甚至藩王陵都沿袭了这种思想。明十三陵以明成祖长陵为主陵，而从主轴线（即陵宫中轴线之延长线）陵宫前部分大都被"案山"占据，所以神道被置于主轴线之西山体较少处，略微弯曲。清东陵的主陵——顺治帝孝陵的神道则绕过案山的影壁山而行，弯曲几乎达到180度。清西陵主陵雍正帝泰陵神道也绕过案山"蜘蛛山"，呈约135度折向。

对于帝王来说，纷繁浩大的工程营建起来容易，天然完美的风水形势则难求得多，故有"陵制与山水相称，难概同"的指导原则。也就是说，陵寝形制应配合风水，因势随形、因地制宜，不必追求一概相同，甚至为此变动建筑布局也在所不惜。但需要注意的是，选择案山不表示必须绕其而行，明孝陵之所以形成"匚"状，可能是不同时代共同造就的，原因稍后再说。

春日梅花山

呈弯曲状的明十三陵神道

# 第二节 "北斗七星"说的是与非

"北斗七星"说认为：在规划设计陵寝过程中，朱元璋具有宏大的帝王气魄和独特的理念追求，将深刻的文化内涵与神秘的设计思想融入陵寝布局之中。"北斗七星"的布局既吸纳了中国古代，尤其是元明时代"魂归北斗"的丧葬观，又集"天帝居北斗"的神权统治思想为一体。具体说来，绕梅花山而环行的神道等导引设施为"北斗七星"的"勺斗"部分，正北方向直线排列的陵宫建筑为"勺柄"部分。"勺斗、勺柄"上的"七星"依次为：下马坊（大金门）、神道望柱、棂星门、金水桥、文武方门、享殿、宝顶。长眠在宝顶地下玄宫中的朱元璋则代表"北极星"，手持"斗柄"，掌控着天下、阴阳、四时、五行等。

此说一经提出，便受到媒体的关注传播，故影响极大。进而朱元璋与"北斗七星"被紧密联系在一起，甚至发展出朱元璋以"北斗七星"姿势下葬，南京明城墙的不规则葫芦状是"南六斗、北七斗"组合等奇谈新论。

"北斗七星"说听上去神秘玄幻，稍加深入便会发现其自洽性存在问题。第一，"七星"的"勺斗"起点在哪里？提出者最早讲是大金门，但大金门是永乐时期的建筑，说是朱元璋的布局未免牵强。之后改称下马坊，但下马坊到第二点神道望柱的距离太过遥远，直线距离差不多相当于后"六星"总和，这样几点勾连，完全不似"北斗"形状。近期还有记者采访过此说提出者，答复这是一种思想、一种概念，不必——对应。

第二，无论起点在哪里，"七星"斗柄终点都是朱元璋地宫所在的宝顶位置。而这颗星为"摇光星"，风水中称"绝命""破军"，是最为凶险的一颗星。

第三，谁是"祥子"？《汉书·天文志》说："斗为帝车，运于中央，临制四海……"孙权居于斗身，就不是看门的，而是坐车掌控一切的了，朱元璋长眠于斗柄，倒成了前面的"祥子"。斗身最为尊贵是一种共识，包括持南京明城墙蕴含"北斗七星"思想的观点，也认为朱元璋为居于尊贵斗身，不惜填燕雀湖建造自己的宫殿。

第四，倘若葬明孝陵"魂归北斗"成立，朱元璋建造明皇陵、明祖陵为何没以此作为指导思想？如果这种丧葬观真的源远流长，一脉相承，在明十三陵中为何又不见踪迹？

第五，朱元璋以"北斗七星"姿势下葬的猜测，源于明定陵考古发现万历皇帝的姿势犹如北斗七星的"S形"。不过，墓中孝端、孝靖两位皇后也呈类似造型，"天无二日"却有三"北斗"很难说通，况且孝靖一生被万历冷落。从定陵出土的相关佛教器物，以及万历手握念珠等情形推测，这姿势更可能是佛教倡导的释迦牟尼佛涅槃时所用"吉祥狮子卧"。当然，即便是佛教教义葬式，在没有更多证据前，也不能轻易认定这是朱元璋等明代帝后的标准葬式。

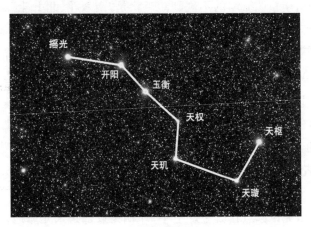

北斗七星示意图

## 第三节　石兽题材选择之谜

明孝陵神道石刻在唐宋旧制基础上，重新组合并加以变化，唐宋帝陵番臣贡使、宫人以及石羊、石虎、瑞禽等不再出现，取而代之的是形象更加高大、更具仪式性的骆驼与大象，整合出帝陵神道石刻的新范式。

孝陵神道之首是卧狮一对、次之立狮一对。狮是佛教圣物，传说释迦牟尼佛诞生时，一手指天，一手指地，作狮子吼云："天上地下，唯我独尊。"故佛为人中狮，狮为佛护法。因此有人猜测，如此安排是因为朱元璋17岁入皇觉寺，在外化缘3年，重回寺庙又待了4年，对佛教感情颇深。不过，朱元璋那样重帝王之道的人，大概不会把感情作为首要考虑因素。更重要的是，如果石像生建于永乐时期，以上猜测便失去了意义。

狮子形象用于陵墓并成为定制是在唐武则天时。武则天与唐高宗合葬墓乾陵，陵园内城的四门外，置有四对八只高3米多的石狮。武则天之母杨氏的顺陵，不仅外城四门外也各置石狮一对，神道上还雕有被誉为"唐代诸陵石刻之冠"的走狮一对。四门蹲狮显然是看门的，这种传统至今犹存。北宋帝陵四门沿袭门狮制度，有蹲狮和走狮两种形态。明皇陵石刻建于洪武初年，此时明代陵寝制度尚未形成，模仿宋代弄了八对蹲狮，却将本应守四门的狮子列于神道上了。孝陵石刻受到皇陵的直接影响，狮子居于首位可视为守门之用，蹲立两种形态则是再次创新，并减少为两对。

獬豸是一种无麟独角兽，出现在神道始于宋陵，又有"甪端"之称。传说可以识别忠奸，故作为任法兽被历代沿用，明代风宪官（御史、科道言官等）常服的胸前补子即绣獬豸，以示明辨是非，公正不阿。用于陵墓前则带有驱恶镇墓的意味。不过,明孝陵獬豸形象较为平实,既没有飞翼火焰,也没有灵动神韵,与孝陵麒麟的造型雷同,只是通体有无麟纹和头发有无卷的简单区别。

骆驼用于墓葬未见物证,但《水经注》等历史记载是有的。金元之际张景文的《大汉原陵秘葬经》甚至还有天子山陵前设骆驼的记载,所以明孝陵是不是首个使用骆驼的帝陵不便断言。但唐宋诸陵既没实物也无记载也是不争事实。明孝陵骆驼长4米,蹲骆驼高2.88米,立骆驼高达3.68米,是神道上最为高大的石刻,增加了帝陵的威严气势。它的入选自然有威震四方的含义,但主要应该是帝王卤簿大驾的体现。《元史·舆服志》曰:"凡行幸,先鸣鼓于驼,以威振远迩,亦以试桥梁伏水而次象焉。"除了鸣鼓开道,还有试试桥梁结实与否,以及涉水深浅的作用。当然,如果是朱棣所设,也不能忽视他亲征漠北、北疆臣服的历史背景。

正如前引文"亦以试桥梁伏水而次象焉",神道骆驼之后即为石象,这也再次印证了大驾卤簿的意味。大象是明朝朝会仪仗的必备物,常朝即需六只,大朝会驾车驮宝则需要更多。描绘明代皇帝出京谒陵的《出警入跸图》中,即有四只大象驮着金瓶为皇帝拉车的画面。明初南京正阳门(今光华门)外设有驯象千户所,今日仍存"象房村"的地名,此处便是明初宫廷仪象的豢养场所。陵前置石象承袭宋制,与宋陵不同的是不置驯象人,象身也无披饰,采用写实手法,最体现雕琢功力,是孝陵标志性石刻。

晚清石象路　　　　　　民国石象路(约20世纪20年代)

## 第五章 蜿蜒的神道

麒麟是中国古代"四灵"之一,《诗经》《春秋》《孟子》等文献均有记载,其作为祥瑞标榜君王德政,清明盛世。公元前122年,汉武帝喜获白麟,作"白麟之歌",并改年号为"元狩"。早期麒麟形象如东汉许慎《说文解字》中记载:"麒,仁兽也。麇身,牛尾,一角。麐(麟),牝麒也。"即麇的身体,牛的尾巴,头顶上有一角。随着时代变迁,中原地区及南方的麒麟象征由祥瑞转向具有守护、辟邪功能的镇墓猛兽,其麇鹿外形也变得接近马,并长有翅膀,张着大口,挥动四肢,南朝帝陵神道石刻即典型代表。但关陇集团建立的唐代仍视麒麟为祥瑞,于是按功用将南朝镇墓兽称为"辟邪",其实南朝帝陵前的镇墓兽无论单角、双角,时人均称之为"麒麟",但被唐代"辟邪"一叫,名称至今还争论不休。唐代帝陵神道上的麒麟体形似马,头顶有弯曲的角,肩上有云纹翅膀,圆蹄,与孝陵麒麟相差极大。孝陵麒麟与北宋《营造法式》中所绘相似,即整体上取狮子形,有鬃毛、双角和偶蹄,全身布满麟纹。这种麒麟形象大概在宋代固定,历经元明清而变化不大。

《营造法式》中的麒麟

明孝陵麒麟

马是孝陵前半段神道上最后一组石刻,也是从明皇陵到明初功臣墓均有的题材,但不同的是,孝陵石马既无控马侍,也无鞍鞯,以及卷草、祥云等装饰,和骆驼、大象一样,保持着自然形态。马在古代社会的重要性,比今天的车有过之而无不及,人们从出行到战争,都离不开它的身影。而受品种、场地、体制等诸多限制,中国历史上马是稀缺品，尤其是好的战马，为此汉武帝还攻打过出产"汗血宝马"的大宛，所以良马一直是传统中国贸易中最受欢迎的大宗物资。元明时期是蒙古矮种马的天下，虽然其个头不高、速度不快，但耐力好、不挑食、无惧寒暑，适于长途奔袭，蒙古人用它横扫欧亚。朱元璋起自寒微，"没有枪、没有炮"，从俘获整编元军一步步做大做强，其间使用的自然是"敌人给我们造"的蒙古马。朱棣从"靖难之役"夺位到五征漠北，仍离不开它们的汗马之劳。孝陵神道上矮小不起眼的石马，正是典型的蒙古马，而周身无马具，则有点"马放南山"的味道。

## 第四节 "出口回销"的"翁仲"与望柱位置之谜

石马之后神道折向东北，现称"翁仲路"，分布有望柱一对、年轻无须武将一对、年长有须武将一对、年轻无须文臣一对、年长有须文臣一对、棂星门一座。

"翁仲"一词最早见于《淮南子·氾论篇》，东汉高诱注："秦皇帝二十六年，初兼天下，有长人见于临洮，其高五丈，足迹六尺，放写其形，铸金人以象之，翁仲、君何是也。"《史记》《汉书》也均有记载，秦统一天下不久后，临洮出现高大的巨人，秦始皇以为天降祥瑞，遂收天下兵器，仿照"长人"铸以金（铜）人十二，称之为"翁仲""君何"。后来，陵墓前的臣仆宾客像，以及宫阙庙堂前的站立侍卫像等通称"翁仲"，按材质又有"铜翁仲""石翁仲"之分。

本为泛指代称的"翁仲"，到明清时却有了具体原型。《明一统志》说："阮翁仲身长一丈三尺，气质端勇异于常人，少为县吏，为督邮所笞，叹曰：'人当如是邪？'遂入学究书史。始皇并天下，使翁仲将兵守临洮，声振匈奴，秦以为瑞。翁仲死，遂铸铜为其像，置咸阳宫司马门外。匈奴至，有见之者，犹以为生。"后来很多书籍引用类似故事解释翁仲来历,其实"阮翁仲"是个"出口回销"的故事。越南从秦始皇仿"长人"铸铜人等记载,创造出传奇猛将"李翁仲",其在越南古代汉文作品中是耳熟能详的英雄形象。明代再传回中国,成了威震匈奴的"阮翁仲"。"翁仲""李翁仲""阮翁仲"的流传衍变,也是中越文化相互交流影响的鲜活实例。

望柱又称华表,早期为木制,主要起标志作用。墓道设石质望柱,于东汉时开始盛行,《后汉书·中山简王焉传》李贤注:"墓前开道,建石柱以为标,谓之神道。"南朝以梁代陵墓华表为代表、北朝以北齐义慈惠石柱为代表,均有实物遗存至今。唐代只有帝陵和某些嫡亲皇族墓才能立神道华表,并形成定制,即一对华表竖于石像生之前,作为神道的标志。宋代因之。不过笔者以为,类似天安门前上有石刻云板,顶部圆盘雕"望天吼"的石柱称华表,其他形制的,尤其是墓葬石柱,还是称"望柱"为宜。

孝陵望柱一反常态居于神道中段,很多人认为这是孝陵首创。其实,早于孝陵的皇陵神道望柱即在两对麒麟、八对狮子之后。其原因笔者妄测:望柱之前为辟邪镇墓,类似于北宋门狮,之后才是正式神道。皇陵望柱风格承袭宋陵,却布置了两对,推测宋代帝后是分开葬,皇陵是合葬,故双倍配置石刻,弄出八对狮子大概也是这个原因。孝陵望柱位于神道转弯处,将石兽与石人分隔开,之所以如此,可能两段神道修建于不同时期,石兽段建于永乐九年(1411)至永乐十一年(1413),望柱及其后段早于前者[洪武十五年(1382)至永乐二年(1404)],当然,先后仅指神道而非石像生,石像生应全部为永乐九年至永乐十一年的产物,具体理由稍后解释。孝陵望柱采用粗壮圆柱状全新设计,一改明皇陵仿唐宋八棱形莲花托宝珠风格,柱身则由缠枝花卉纹改为云龙纹。

清末翁仲路白描　　　　1913年前后的望柱，下部坑洼痕迹明显

## 第五节　石人是"武将""文臣"吗？

望柱之后为高达3.2米的年轻无须、年长有须"武将"各一对，《大明会典》将长陵类似石像生称"带刀执瓜盔甲将军"，这个名称值得说道的地方很多。首先是"带刀"，读者可能觉得不准确，明明腰间佩剑，是不是刀剑不分？其实，此处"带刀"是专有名词，源自"仪刀"，明代还有"帐前带刀先锋""锦衣卫带刀旗手""带刀散骑舍人"等称呼，意为皇帝禁卫军中的重要礼仪成员。

其次是执瓜的"瓜"，也称"骨朵"，因其外形不常见，常被戏称为"棒槌"。瓜本是以棍缀蒺藜形或蒜头形头的锤击兵器，在辽宋时期衍化出刑法及礼仪用具功能。明清两代，是为皇家专属的礼仪器具。北宋兵书《武经总要·器图》记载："（骨朵）本为胍肫。胍肫，大腹也，谓其形如胍而大。后人语讹，以胍为骨，以肫为朵。"随着实用性向礼仪性的转变，骨朵头部也变为球状、瓜状。

明末清初大学者屈大均《孝陵恭谒记》里说："石人凡八，高可四五丈，四将军，介胄执金吾……"受其影响，一些书籍称将军手中之物为"金吾"，这就被屈大均带偏了。明代王圻、王思义《三才图会》图文并茂

## 第五章 蜿蜒的神道

说得很清楚："吾杖即汉朝执金吾吾棒。吾棒以铜为之，黄金涂两末，故为金吾。"吾棒啥样子呢？中国人想必都不会陌生，和孙悟空手中的那根金箍棒差不多，绝不是"洗衣棒槌"。

可别小看这"棒槌"，目前已知明代石像生有这造型的，除南京江宁吉山失考墓外，仅有明孝陵、明长陵及明显陵三处皇家陵寝。反倒是"将军"，不是高级军事将领，而是朝堂、宿卫站班的锦衣卫"安保"。这种"将军"也称"大汉将军"，顾名思义，大概身高1.8米以上，膀阔腰圆的强壮大汉，明廷常年维持在1 500人上下。

如果"武将"是身份普通的"安保"，那神道岂不是没有高品级的武将？也不是。因为将军之后的两对石像生其实并非特定"文臣"，或称之"品官"更准确。明代官服分为朝服、祭服、公服、补服。《大明会典》对朝服的定义为："凡大祀庆成、正旦、冬至、圣节及颁降开读诏敕、进表、传制，则文武官各服朝服。"对祭服的定义为："凡上亲祀郊庙社稷、文武官分献陪祀，则服祭服。"朝服与祭服是礼服，形制基本相同，差别主要是颜色，前者赤罗衣，后者青罗衣，而这在石刻上无法表现。另一个区别是祭服有"方心曲领"，虽然时行时废，朝服则无此款式，所以明长陵"方心曲领"石像生的衣着应为祭服。

明孝陵石像生胸领样式难以分辨，是祭服还是朝服不便断言。不过，无论朝服、祭服，礼服主要以冠上梁数，以及佩绶花纹、革带佩饰和笏板材质区分品级。如一品官员朝服，规定："一品冠、七梁。不用笼巾貂蝉。革带与佩俱用玉。绶用绿黄赤紫四色丝，织成云凤四色花锦，下结青丝网。绶环二、用玉。笏用象牙。"

通常人们印象中，头戴乌纱帽，文官胸前绣仙鹤等飞禽补子，武将绣狮子等走兽的官服是补服，又称常服，为"文武官常朝视事"，即日常办公所用，和神道需要营造的仪式感与肃穆氛围使用场合完全不同。

因而，明孝陵将军之后的两对石像生其实是"品官"，从模糊的多梁、背后云凤图案的大绶推测，大约是一品官员，无所谓"文武"，地位自然远高于将军，故列于最后。十三陵最后则是两对"戴梁冠加隆巾貂蝉"石像生，其衣着按规制位列侯伯，等级又居品官之上。综合来看，孝陵、长陵神道石像生是依官品由低至高顺序排列的，这也完美解答了明初武将地位高于文臣，石像生排位为何文臣却居于武将之上的悖论。

　　翁仲路最后一座建筑为"棂星门"。明清时期，广泛用于宫室坛庙，以及高等级建筑，如国子监、文庙之中，至今南京夫子庙、朝天宫仍有复建的棂星门。孝陵棂星门为三间六柱四段夹墙结构，面阔约 20.61 米，不过却不具典型性。因为棂星门一般位于主体建筑中轴线前方，造型简单说来就是牌坊加了门。同样是神道石像生尽头的坊式建筑，明十三陵、清东西陵均称"龙凤门"，而明楼石祭台前的二柱门，十三陵中称作棂星门，这倒更符合棂星门的特征。棂星门是纯礼制建筑，同时兼具美学功能，如收拢视线，突出石像生，或以"夹景"方式使景框内画面臻于完美。

　　孝陵棂星门晚清时毁于太平天国战火。现建筑是在考古清理及参考明十三陵的基础上，于 2007 年 1 月利用原门基、残柱、柱头复建。基座的 6 块柱础石和 9 块抱鼓石是明代原物，柱础石等边宽约 1.02 米，高约 0.85 米，侧面浮雕花草纹；抱鼓石两侧浮雕云纹。过棂星门，神道折向东北，直至陵宫区前金水桥。

俗称的"武将"

俗称的"文臣"背部服饰细节

第五章　蜿蜒的神道

复建后的棂星门

明长陵明楼前棂星门

明孝陵神道石刻雕刻风格质朴洗练，不尚浮华，将整体浑朴与局部细腻相结合，由对比产生看似矛盾的奇妙效果。如石兽远观浑圆单纯，有素净之感，近观须发、毛角、麟趾纤毫毕现；卧像表情恭顺，立像原貌写实；石人面部简略，笏板、宝剑等服饰器用却棱角分明，品官官服及将军铠甲采用浮雕而非简单的线刻表现，这样的精粗、繁简、高低的对比，更反衬出面部的单纯。当然，博大坚实的气魄，过分注重石刻承载的符号意义而忽视个体的张力，也会造成内在气质不足，部分石刻显得呆板生硬，不过这与明朝皇权森严、内敛化的时代特征倒也一致。

孝陵神道最大的创新是神道绕案山而行，或者说是唐宋以来民间盛行的形法派风水术在帝陵中的首次实践，尽管可能是洪武、永乐两个时期非自发形成的这种格局。另一创新是神道布局，即陵寝入门后正中为神道碑，石兽每种两对，一卧一立，以及石刻题材内容，棂星门作为结尾，这些基本为明长陵、明显陵、清孝陵所继承。至于旁边明东陵没有发现单独神道，推测父子共用一条主神道。但"共享"石像生源于孝陵的论断，则应谨慎对待。孝陵一对粗壮云龙纹望柱的形式也被承袭，不过位置不再居于神道中段，而回归神道之首。另外，明长陵的神道碑碑亭四隅增置精美华表，清东西陵亦如此。

探谜 明孝陵

## 第六节　神道及石像生建造时间之谜

关于明孝陵建陵,明确记载的时间节点有以下几个:工程正式开始于洪武十四年(1381)九月,次年八月葬入马皇后,也意味着地宫部分营建结束。地面上最重要建筑享殿在洪武十六年(1383)五月完工。永乐二年(1404)冬,建孝陵外郭红墙。永乐九年(1411),建孝陵门即大金门。永乐十一年(1413)九月,朱棣撰写大明孝陵神功圣德碑碑文,视为整个工程结束。

孝陵石像生设置时间不见于文献记载,但学界主流观点是在洪武二十六年(1393)至永乐十一年(1413)之间。综合起来,主要理由有:首先,后世皇帝建神道碑及石像生是明代惯例。如明成祖长陵神道碑建于宣德十年(1435),成祖以下六位皇帝的神道碑建于嘉靖十六年(1537)。其次,石像生是"象生之仪",皇帝生前当为忌讳,一般与神道碑同期设置。再次,从石刻细节进行比对考察。孝陵文臣所系绶带符合洪武二十六年(1393)的具体规定,而玉佩形制又与永乐三年(1405)所定不同,故推断石刻制于洪武二十六年至永乐初年之间。另外,明初从皇陵到功臣墓神道石马皆雕有马鞍,附有控马侍,此类造型以永乐六年(1408)十月卒葬的浡泥国王墓最晚,所以孝陵"马放南山"的石马当制于此后。

笔者则认为建于永乐九年(1411)至永乐十一年(1413)左右。起点何以是永乐九年?因为前人大多认为大金门建于洪武时期,忽略了朱棣建造这一重大线索。永乐十一年神道碑位置是大金门的延续,而大金门是永乐九年修建的,说明这片区域皆为永乐时期所拓展,包括更外围的下马坊。洪武所建神道可能仅是今翁仲路及其延长,其与红墙相交形成西红门,当然,并无石像生之设。

## 第五章 蜿蜒的神道

永乐二年(1404)即建外郭红墙,同时寻找神道碑碑材,为什么等到永乐九年(1411)才建大金门?笔者猜测是后来为了风水优化。永乐七年(1409),以廖均卿为代表的"明地理者"为朱棣择陵地于北京昌平黄土山,朱棣亲临视之并赐名"天寿山",加之此后对廖的厚待,无疑说明朱棣笃信风水及廖均卿等人。故有理由推测,当长陵择地定穴等事毕之后,朱棣会让风水术士查勘孝陵,进一步改善孝陵风水,其结果则是大金门位置的确定,然后修建新的神道与原洪武时期神道连接,同时添置石像生。

至于石刻细节的比对,笔者以为可作参考,但难以作为重要证据。明孝陵是明代第一座真正意义上的帝陵,别具一格实属正常,不宜与追尊帝陵及功臣墓石刻题材构成比较。官员服饰符合洪武二十六年(1393)制度说明时间上限,而非下限。永乐三年(1405)玉佩形制的详细记载对象是皇帝,皇后、太子与之同。文武一品官员仅记"革带与佩俱用玉",即使可用皇帝同款,从规定出台到具体图样传达至工匠恐怕也非短期所能。事实上,孝陵、长陵品官背后大绶的图案都与制度规定不符。更有甚者,明祖陵石像生增设于嘉靖十三年(1534),但"石仪与凤阳皇陵同制"(《明世宗实录》卷一百六十九,故本文不参考对照祖陵石刻),若仅凭石刻细节比对,结论恐怕差了约160年。

与皇陵同制的祖陵石刻

## 第七节　地标上业已消逝的民间风俗

每到深秋季节，有着"最美 600 米"之称的石象路，饱经沧桑的神道石刻与红色的枫香、黄色的乌桕、金色的银杏、紫红的榉树、常青的圆柏交相辉映，共同融合出南京秋天五彩斑斓的标志性色彩。"石象路"之所以得名，大概是石象是其中体量最大、最醒目的标志性石刻了。它不仅是南京人心中的地标，甚至在世界上都是南京的标志。

1991 年，迪士尼在不丹发行了一套怀旧风格的世界风景名胜邮票，其中有张南京元素的，背景是大报恩寺塔和明孝陵石象，而画面上，米奇老鼠正调皮地向巨大的石象背部扔石子，女朋友米妮则在一旁开心地看着。无独有偶，19 世纪 70 年代到 20 世纪 40 年代的明孝陵老照片中，仔细观察都能发现石象背上有石子堆积的现象，只是有时石子较厚，有时较薄。还有张照片中，一位西装革履的男士貌似扔完在看石子有没有掉下来，这似乎表明往大象背上扔石子是种风俗，迪士尼邮票上的图画是有所依据的。

那这是什么风俗呢？据清末徐寿卿《金陵杂志》说："（明孝陵）所异者掷砖于石人、石马顶上，落下者生女，不落下者生男，有奇验。"原来扔石子可以精准预测生男生女，难怪人们趋之若鹜。"掷砖于石人、石马顶上"不知道是不是作者随便一说，毕竟面积过小难度太大。老照片中高大的立象因难度适中而倍受欢迎，南侧一只左耳受损严重，也许就是扔石子时砸坏的。有的照片卧象和骆驼的背部也有石子，但不普遍，大概也是因为难度太低或太高的原因。

生男生女对中国人吸引力较大，洋人就未必了。太平天国失败后，洋人通商来到南京，有空雇个毛驴四处闲逛，估计旅游先辈为了迎合老外口味改造了一下，编出一个人扔上去心想事成，情侣各扔上一个就可以永远相爱,成为地老天荒的"杰克、露丝"云云,于是老外们也纷纷开心地往石象背上扔起了石子,并拍照留念,感觉体验了一把"中国文化"。

今天孝陵望柱下端存在一些大小不一的凹坑,这倒不是自然作用所致,而是与一种更离谱的风俗——食石粉有关。传说柱粉做药引可以消灾祛病,于是望柱长期被刮刨取食。也有说是因为柱粉具有求子神力,就民间文化而言,"麟趾祈子"的影响力远大于望柱的求子神力,明皇陵神道麒麟腿都快被刮断即是证明,因而,真正左右百姓刮食柱粉的动机可能还是"消灾祛病"说。至于形成的时间,守卫森严的明代肯定不可能,而《金陵杂志》又没有相关记载,姑且推测是明亡到清中期吧!

迪士尼南京元素邮票

貌似刚扔完石子的男士

## 第八节 "石象路"还是"石像路"?

"石象路"作为打卡地标,常见诸媒体报端,很多媒体报道和网友的图文中,常将大象的象写成加了单人旁的"像"。上溯至民国时期,混用的现象即已存在,如成书于1933年的傅焕光《总理陵园小志》,一

探谜 明孝陵

本书中两写并存,那哪种写法是对的,还是两种写法都可以呢?

先从"石象路"说起,明清相关史料中,并没有"石象路"的说法,其得名很可能源于附近村民的俗称,景区这种地名还有不少。比如灵谷寺东的"五棵松",无非是当年那里有五棵松树。当然,有五棵松树的地方肯定不止这一处,就像北京也有"五棵松"一样,中国各地也不乏"三棵松""一棵树"之类地名。本来,人迹罕至的地方是没有,也是不需要地名的,但人类在此活动频繁了,交流交往时就有了对特定地理实体进行指称的需要。打个比方,两个住得相距很远的村民路上偶遇了,甲和乙说:"好久不见了,明天早上一起上山砍柴啊?"乙说:"好啊!那在哪里见呢?"甲说:"就五棵松树那里吧。"于是,大家都用"五棵松"指称那个地点了。这是命名中的具体代表性原则。有着最大体量、最具标志性石头大象的"石象路"也是同样道理,套用鲁迅的话说,"世间本无路名,用的人多了,也便有了路名"。大概在清军平定太平天国之后至民国初年,明孝陵附近才居民渐多,"石象路"的俗称大约形成于此时(据 1931 年统计,包含整个紫金山在内的陵园区 36 个村户口总数为 485 户,人口总计 2 367 人,此前应当更少)。后来的民国陵园管理机构继续沿用本地习惯称呼。

再说翁仲路。翁仲泛指立于宫阙庙堂和陵墓前的铜人或石人,广义说来,除了人像,也可以包括动物及瑞兽造型的石像。"翁仲"在孝陵相关诗文中很常见。如沈德潜《过钟山》:衰草眠翁仲,西风赛蒋侯。周廷谔《谒孝陵戊子》:石马嘶风翁仲立,犹疑子夜点朝班。缪徵甲《孝陵》:翁仲一朝闻夜哭,明宗麦饭已无多。郑板桥《念奴娇·金陵怀古》:翁仲衣冠,狮麟头角,静锁苔痕绿。康有为《游金陵明故宫及孝陵秦淮旧板桥》:虎踞龙蟠犹有梦,摩挲翁仲立螭头。陈作霖《八月二十七日秦任虞招饮宝公禅院,是晨与朱子期先游孝陵循山径而至灵谷,赋示同集诸君》:行行抵孝陵,翁仲秉圭笏。周宝偀《常开平王墓》:太平门外山盘踞,古冢沿山如割据。石麟翁仲半山腰,云是开平王葬处。

## 第五章 蜿蜒的神道

等等。

不过，这并不说明"翁仲路"的得名早于"石象路"，而是"翁仲路"之名源头可能是文士雅称。通过语境分析，还不难发现诗文中的"翁仲"用以专指"石人"，与今天"翁仲路"的所指一致，体现的是命名的抽象概括性原则。如果村民俗称命名的话，很可能就叫"石人路"了。但"翁仲路"是民国管理机构沿用本地习称，还是在本无路名的情况下予以的命名，还需要材料进一步地确定。

"翁仲"还有个称呼为"石像生"，但明清孝陵相关文献中未见使用过"石像"或"石像生"，更别说命名道路了。1931年的《总理陵园管理委员会报告》（南京出版社，2008年）中《园林甲森林行道树》始有提及："园内各路两旁已种树木者为墓道、陵墓大路、环陵路、明陵路、钟灵路、石像路、苗圃路、太平门路、委员会路、灵谷寺路、果园路、翁仲路、万寿寺路、附葬场路及新村各路，兹分述之如左。""石像路自石像起，经五龙桥抵明陵大门。""苗圃路自温室至石像路，今春筑成，长七十丈。"在文本中，"石像路"与"翁仲路"并列，表明是两段不同道路，而"自石像起，经五龙桥抵明陵大门"不经过翁仲路的话，指的就应该是现在自石头大象到孙权馆前，经金水桥到达文武方门的路。因而，这里的"石像"本意即"石象"，"石像路"就是"石象路"。

那可以用"石像路"吗？答案是否定的。之前说过，"石像生"等于是"翁仲"，主要指石人。虽然也可以泛指石人及石兽，但已有"翁仲路"的情况下，再用"石像路"就含义重叠，指代不明了。如果狭指"石人"那段，则与"石象路"同音，说话时难以区分，使用不便。如果泛指"石人""石兽"两段，也就是"石象路"与"翁仲路"的合称，则未见之于任何记载。况且，以一个路名去命名两段不同方向的道路，势必会产生混乱，不符合命名原则。

所以，一方面，"石像路"其实是由"像""象"不分造成的，主因是当时尚无规范的汉字用法，就如鲁迅文章按今天语文标准来看，也有不少文字颠倒、字词错误一样。另一方面,随着景区的建设,道路命名也经历了一个发展变化直至定型的过程。或许有鉴于此,1948年"国父陵园第十四次常务委员会议"上,园林处厘定了"陵园主要道路名称表",经过会议修正通过照办,其中"前湖路""明陵路"等起止就有提及"石象路""翁仲路"(《中山陵档案史料选编》江苏古籍出版社,1986年)。

路名或地名的延续性非常重要,这既是文化的一种载体和传承,又是日常工作生活中离不开的内容。即便前人弄错了,以讹传讹一旦变成了约定俗成,如钟山的龙脖子、天堡城,也还是照样延续下去比较好,更何况前人纠正了错误并加以规范的呢。

**清末石象路白描**

第六章

陵宫区的前朝

陵宫是陵寝的核心区域,三进院落、前朝后寝的创新布局成为明清皇家陵寝的模板。陵门至享殿前门为第一进院落,由具服殿、宰牲亭、御厨、东西井亭等小体量建筑组成,基本是服务祭祀活动的必备附属设施。享殿前门至内红门为第二进院落,以享殿为中心,由神帛炉、东西配殿等组成,是牌位供奉及重大祭祀场所,类似于皇宫前朝。内红门至宝城宝顶为第三进院落,为墓主安息之地,相当于皇宫后宫。

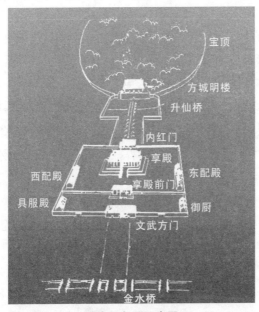

陵宫区复原示意图

## 第一节　金水桥数量之谜

"金水桥"如同"天安门"一样,恐怕是中国人最熟悉的古建筑名词,天安门的形状功能中国人多少可以讲上几句,金水桥则未必了。"金水桥"一词出现得很晚,始见于明代,"金水河"的历史则久远得多,传说周代宫阙即用以象征"天河云汉"。抛开象征,就实用角度说,防御隔离、日常生活、物资运输、造景游赏等,都需要河湖池渠,所以历代宫城多有引水设计。

朱元璋规划了两条金水河,一条在皇城外,从承天门前流过,称外金水河,河上五座石桥称外金水桥;一条在宫城内,由奉天门前穿过,称内金水河,河上五座石桥称内金水桥。这种格局也为永乐营建北京城所承袭。

有河必有桥,唐大明宫含元殿前有桥梁三座,北宋金水河上有桥四座,元代崇天门前有白石桥三座,可见内外各五座桥也是朱元璋的创新。检索史料发现,成化二十二年(1486),王恕奉明宪宗旨督修孝陵,在《督修孝陵工完奏状》中说:"……金水桥墁栏板等项,但系损坏者,俱各脱换修理。"还有一次是嘉靖十一年(1532),"诏修理孝陵具服殿、灵(棂)星门、金水桥及懿文陵香殿"。其他记载的金水桥,无论南京、北京,均指皇宫内外的金水桥。

在孝陵相关文人游记、遗民文集中只有桥,而无金水桥一说。如记载算是非常详细的屈大均《孝陵恭谒记》中:"御道尽为棂星门。又逾桥,桥下之水,西注于前湖。其流稍微,亦御河也。越百步,有文武方门五……"作为来谒陵的广东番禺人,知道桥下之水流入前湖,以及陵宫区大门称"文武方门",他不是参考了文献,便是有本地向导,如果有"金水桥"的日常用法,文中没理由不予以记载。

两相对照可知:孝陵"金水桥"属于明官方用词,代称御河上的桥,并非定指以及本地民间称呼,故《江宁府志》中称之为"御河桥",屈大均文章里表达的也是这个意思。另外,大概晚清民间习惯称其为"五龙桥",而明故宫内外金水桥也有"五龙桥"的俗称,所以"金水桥""五龙桥"都是御河上桥的代称。

清初徐乾学《读礼通考》说:"……(石人)又北为棂星门三道。又北有石桥五,并五空。"这是首次对桥数量的记载,据此一般认为桥原

## 第六章　陵宫区的前朝

本有五座,被晚清兵火毁坏了两座。但1864年《金陵善后局估勘兴修孝陵工料数目册》记:"五龙桥石桥三座,水门九尺二寸,长二丈七尺五寸,宽一丈一尺七寸,高一丈四尺。除现在两座桥上栏杆俱无添建,一座石料约价银六百五十两。"从报告看,桥即三座,未有更多座桥在战争中损坏。王焕镳1934年编辑出版的《明孝陵志》,在未注明出处情况下亦持"有石桥五,并五空"说,虽然他看到的也可能只是三座。

长期从事明孝陵考古工作的路侃认为,历史上御河桥只有三座。理由主要有:石桥桥身不易损坏,即使损坏也应留有桥墩残迹,而在对河堤驳岸做防渗水处理时,并未发现有基础遗痕。有桥必有路,三座桥外未发现通向陵宫的相应道路,陵宫东侧角门延长线上分布有明初水井,通行道路正中挖井与常理及制度不合。孝陵之后北京十三陵也无御河桥梁超过三座的做法。

今天御桥桥栏已非明代原物,甚至与老照片里民国初年的形制也大相径庭。明皇陵、明显陵也都曾存在过五座御桥。所谓"有石桥五",是晚清之前被修成了三座,还是徐乾学看到"金水桥""御河"称呼,联想到皇宫内外金水桥,想当然认为桥也本应有五座呢?

金水桥远眺陵宫门(民国)

如果说桥的数量尚可商榷,"并五空"显然错误了。"五空"即"五孔",事实上,明孝陵这里的桥以及方城明楼前的大石桥(考古断定为明初遗物)均为单孔,只需稍加观察,不难得出正确结论。徐乾学是本人实地勘察得出的结论,还是辗转得到的资料?《明孝陵志》编撰者王焕镳为何未对"五空"提出疑问?这都算小小的谜吧。

金水桥侧影

## 第二节 "文武方门"称呼之谜

皇城宫阙内,金水桥是整个中轴序列的重要节点,在孝陵中则是中轴线的起点,桥北约 200 米处为陵宫区域,此后建筑呈东西对称分布。陵宫有三大两小五座门,中间正门三座为半圆拱券顶,东西两侧为过梁式平顶角门,此即屈大均《孝陵恭谒记》中所说"越百步,有文武方门五,三大而二小……"现建筑为 1998 年复建,原门 1865 年前已毁,晚清重修时仅留正中一门,封堵其余四门,所以老照片上陵宫门均为单孔通行。单孔门上有"明孝陵"三字匾额,据说为湘军统帅曾国荃所书,因恢复明代形制,取下保存于明孝陵博物馆内。

## 第六章　陵宫区的前朝

复建之初，门额上悬挂的木匾写的是"文武坊门"。在江苏省社科院明史专家季士家研究员的强烈坚持下，改成了现在的"文武方门"。但不断有游客提出疑问："方门"是否为"坊门"之误？首先，属文、清代《江宁府志》《上元县志》均有记载，全部笔误的概率不大。况且，"坊"的形制在孝陵中非常明确，如下马坊，而将正门称坊也不大可能。还有一种推测，"文武方门"是两侧平顶方形角门的称呼，以此代指陵宫门。

那"文武方门"错没错呢？既没错也错了，没错的是称呼，错了的是位置，换而言之，"文武方门"是有的，但不是这里的五座门。收集相关资料比较齐全的《明孝陵史料汇编》中，明清两代提到"文武方门"的仅有四条：一条是已述的屈大均《孝陵恭谒记》，一条是徐乾学《读礼通考》引用的《江宁府志》，另两条是康熙《上元县志》与道光《上元县志》。江宁府辖江宁、上元两县，有照抄旧志的惯例，所以三条方志材料此处内容相同（见下文），均未明言具体位置。徐乾学说的"（棂星门）又北有石桥五，并五空，桥北门五道，东西二井，神帛炉，左右各一"，也没有说五道门称"文武方门"。

现存最早康熙《江宁府志》（陈开虞本）卷二十八《陵墓》记载："明太祖孝陵，在钟山之阳，与马皇后合葬，懿文太子祔葬于左，宝城、明楼、御桥、孝陵殿、廊台、堰道、戟门、文武方门、大殿门、左右方门、御河桥、棂星门、华表，多同大内制。"熟悉孝陵的人不难发现，此段文字与孝陵主体建筑完全对应，是按由内及外顺序的纪实。宝城、明楼至今仍以此称，御桥即升仙桥，孝陵殿即享殿，廊台即台基回廊，堰道即陛石台阶，戟门为享殿前门（今碑殿），文武方门就应该是戟门的角门，即二进院落的角门，今天已不复存在。大殿门为陵宫区三座正门，左右方门是其两侧角门。

顾名思义，左右方门、文武方门为两侧供文武官员通行的过梁式平顶方形，不过晚清照片却清晰显示角门也是拱券顶，即"方门"不方，要说清代将明代相对简单的平顶改建成更为复杂的券顶，其可能性微乎其微。此处的"方门"，不妨看作相应等级的代称，和"角门""掖门""旁门""小门"的意思相同，但称呼不同，并非指实际形状。而无论形制如何，也不管"方门""坊门"，以"文武×门"来称呼皇家重要建筑的正门也不合常理，当时大概也只有不熟悉情况的广东人屈大均误读误判了，经民国王焕镳《明孝陵志》辑录传播，后人不明原委，也跟着弄错了。

今日文武方门

老照片上清晰可辨的陵宫门五座门洞

第六章　陵宫区的前朝

## 第三节　陵宫区正确的进入方式

　　进入陵宫区的方式当然是走门，五座门应该怎么走，今人看来不是问题，但在传统皇权社会却是性命攸关的大问题。《明太宗实录》记载：永乐七年(1409)，山东道监察御史何晟以"大不敬"罪被戮于市，原因是他在凤阳陪祀皇陵时走了御道，入寝殿时不够庄重严肃。无独有偶，《明孝宗实录》也记载了这么一件事。徐俌是明代开国元勋徐达的后裔，承袭魏国公爵位，在南京是级别最高的勋贵，故长期代皇帝主祭孝陵。他进出孝陵的方式有些特别，从中间三门的西门进入，祭毕，自"傍小门"也就是角门出。弘治八年(1495)，南京司礼监太监陈祖生为此弹劾说："魏国公徐俌每承命孝陵致祭，皆由红券门并金门、陵门之右门入，至殿内行礼，事属僭踰，宜令改正。"

　　堂堂魏国公，也没走正中，只是走右门，居然被弹劾僭越，可见门所代表的森严等级制度。在这里，按礼制的要求是"中神道，左御道，右王道"。也就是说，正中是神灵的通道，人是不能走的，左边是皇帝走的，右边是藩王走的，其他人员包括勋贵大臣只能从两侧角门通行。中国传统建筑中讲的左右，是以人在建筑内，面对外而言。所以，"左御道"即东门，"右王道"也就是西门了。徐俌不过是以"公"的身份走了"王"道。如果他不贵为国公，如果走了御道，大概也会被以死罪弹劾了。

　　徐俌进出不一的走法，自然有其理由。他辩解道："入必由红券门者，所以重祖宗之祭，尊皇上之命。出则由傍小门者，所以守臣下之分。循守故事，几及百年，岂敢擅易？"潜台词是：我来是代表皇帝来祭祀朱家祖先的，走边门入是不是显得规格太低、太不重视了，高皇帝在天之灵会怎么想？完成使命后，以自己身份按礼制要求出门，这样的

走法沿袭也快百年了，我不过因循而已。

孝宗皇帝又将此事交礼部评议，给出的结论是："今长陵等陵及太庙，每遣官致祭，所由之门并行礼殿内，与孝陵事体大略相同，宜令俱如旧行礼。"其不仅认可了这种中间西门进、角门出的走法，并作为规范进行了统一。

皇帝亲自谒陵怎么走的例子也有。《大明会典·山陵躬祭仪》载：（皇帝）驾发"至天寿山红门，上降辇，由左门入，驾至行宫。"计六奇《明季南略》说："（福王）由城外至孝陵，乘马从西门入享殿祭告，以东门乃御路也。拜谒罢，徘徊良久，问懿文太子寝园，遂诣瞻拜。"监国的福王以自己并非皇帝，仍以藩王的身份从西门入内。

有抬高身份的，也有降低姿态的。1705年，康熙第四次拜谒孝陵，"导引官引向中门，上命自东角门入。曰：此非尔等导引有失，特朕之敬心耳"。御道、王道康熙皇帝都不走，降格降到从文武大臣的通道走，足见他所表现出的姿态之低了。

注：《明孝宗实录》卷一百四："南京守备、司礼监太监陈祖生奏：'魏国公徐俌每承命孝陵致祭，皆由红券门并金门、陵门之右门入，至殿内行礼，事属僭踰，宜令改正。'"这条史料非常重要，"金门"即大金门，在此列出作为弹劾理由，说明大金门今存三孔门洞与陵宫门中门同理，并非供勋贵文武进出，旁边一定另有角门，极可能是文献中的"东西黑门"。"红券门"未见于其他材料，具体位置和功能不得而知，看表述顺序应在大金门更外围，是在原南京军区政治部前线文工团区域内，还是指靠近朝阳门的西红门，是个未解之谜。此门的存在也可以证明之前关于门先"红"后"金"的推测。

第六章 陵宫区的前朝

## 第四节 百余年前的国际范——文保"特别告示"碑

明孝陵陵宫区第二进院落同为五门,按照与方志记载的对应关系,中三门为戟门、两侧为文武方门。戟门更多被称为"享殿前门"或"享殿门",本是院落间的过门。清代在殿内陈设康乾御碑,又称"御碑亭",原建筑毁于战火后清末才改建为碑殿,但规模已大为缩小。

**明长陵戟门**

碑殿及陵宫区中门旁,有两块一模一样、不大起眼的立碑,其中碑殿门口的为现代复制品。陵宫门外那块是当初清政府为保护明孝陵文物竖立的"特别告示",而且是专门写给外国人看的,因使用了日、德、意、英、法、俄六国文字镌刻,故又称"六国文字"碑,其"国际范"比今天有过之而无不及。碑文大意如下:

明孝陵

**特别告示**

  鉴于明孝陵内御碑及附近古迹历年破坏,受损情况严重,端方总督大人下令竖立围栏,对其加以保护。游人越栏参观或可能对前述御碑及陵区古迹造成损坏之行为,一律禁绝。

两江洋务总局:汪道台<br>
江宁府:杨知府<br>
1909年6月

  前些年,因为国人在境外旅游的一些不文明行为,很多媒体给予"特别告示"碑高度关注,意指100多年前"歪果仁(外国人)"的素质也不怎么样,我们还曾专门为他们设置过警示告示,故而这块碑也算得上"网红"了。

  告知"歪果仁"保护文物古迹的目的是无疑的,但立碑的首要动机恐怕还是政治因素。碑殿内有康熙帝、乾隆爷的御笔亲题碑刻,清朝地方政府自然不能熟视无睹。"歪果仁"多不识中文,更不懂中国历史,哪会知道这些大清国前皇帝,万一上去刻个字、涂个鸦……所以要先行告知,这也是放置在陵宫区门口的原因。

  若告知无效怎么办?且不说"洋大人"能不能开罪得起,真和人家"上纲上线",咱没有治外法权,最多也就是批评教育。防患于未然,用高大的木栅栏把各种石刻统统围起来,这种仿佛牢笼的保护是挺"特别"的,虽滑稽怪诞,有碍观瞻,但效果应该不错。

  从"禁约碑""按律处以极刑,决不轻贷","昭告中外,咸使闻知"杀气腾腾的恫吓,再到六国文字的"特别告示"与无奈保护,何尝不是说明世界的改变,以自我为中心的"天朝"价值体系的崩溃呢?这种崩溃也许并非坏事,但通过列强的炮舰来达到则倍显可悲,更为中国人情感所无法接受。忽视国际环境的变化,不愿承认外部现实的先进性与

## 第六章 陵宫区的前朝

自身变革的重要性,所付出的代价即如此惨痛。

以"天朝"态度视别国为"诸夷"无疑是一种不平等,而鸦片战争后又为另一种更不平等的外交关系所替代,"洋鬼子"与"洋大人"的双重心理其实是"锁国心态"这枚硬币的两面,一显一隐,同时存在;至于谁显谁隐,个人层面视具体场合而定,民族的立场则随国势起落而变,这不能不说又是一个悲剧。

几个月后,力主立宪维新的端方在直隶总督任上被弹劾革职,罪状是他在清东陵乘舆,以及慈禧出殡时安排照相等"大不敬"。从明初走御道被杀的监察御史何晟,到清末"横冲神路"丢了官的端方,整整过去了500年,大闹天宫的孙猴子都"刑满释放"了,满口"纲常礼教"的专制皇权又变了些什么?

清末神功圣德碑上清晰的外文刻画

特别告示碑拓片

**探谜** 明孝陵

## 第五节 "缩头乌龟"形成之谜

今碑殿内陈设五方石碑：中部三块立碑，后部东西各一块卧碑。中部正中的立碑是康熙三十八年（1699）康熙御书的"治隆唐宋"四字，两侧为乾隆御制诗，再两侧有碑座而无碑。东卧碑刻1684年康熙第一次谒明孝陵纪事，背面刻两江总督王新命等官员题名。西卧碑刻1699年康熙第三次谒明孝陵纪事，即手书"治隆唐宋"那次，背面刻两江总督陶岱等官员题名，其中还有江宁织造曹寅（《红楼梦》作者曹雪芹祖父）的名字。

"治隆唐宋"碑下的龟趺显得与众不同，因为脖子特别短，常被戏称为"缩头乌龟"。仔细观察，不难发现，头部其实是由颈部改刻而成。那原来头部是什么时候损毁的呢？由于缺乏明确文献记载，一般估计是在1853年3月，当时太平军与清军在钟山南麓展开激战，明孝陵享殿、碑殿等诸多建筑均毁于此时。

2015年，明孝陵博物馆征集到的一张关于碑殿的珍贵蛋白照片，让我们有机会重新审视复原那段历史。蛋白照片又称蛋白印相工艺，是早期摄影的常用技术，由于必须从底片直接晒印，所以照片尺寸和底版完全相同，篇幅较大。蛋白照片效果特殊，影像层次丰富，极具空间感，其细腻程度甚至不逊于早期数码相机，可以用放大镜仔细观赏。但缺点也相当明显，如照片稳定性低，比较容易受保存环境影响，浅色部分容易变色等，故这种技术在1900年后逐渐被淘汰。

这张照片尺寸为207 mm×261 mm，保存完好，画面非常清晰，在蛋白照片中殊为不易。更珍贵的是它所承载的历史信息，拍摄时间应在1866—1869年之间，是目前已知明孝陵最早的照片。画面中房屋建筑荡然无存，劫后余生的"治隆唐宋"碑格外醒目，下部昂首龟趺及上部"御书"碑额原貌清晰可辨。东西两侧四块碑座只剩西侧两块碑，其中一块尚存碑额，东侧两碑应是在战争中损失。后侧东卧碑应该也在战争中碎裂，修补痕迹明显。

那"缩头乌龟"是何时形成的呢？据《金陵善后工程局咨金陵善后总局修建明陵御碑报册》显示，同治八年（1869）五月，"朝阳门外明陵御碑倒塌，饬即派员勘修竖建"。具体因何倒塌没有记载，从今天"治隆唐宋"碑下部约三分之一处拼接痕迹推测，极可能是此处断裂造成碑上部倒塌，掉落时还砸坏了龟趺头部。

当时简易的修理是将碑重新拼接，砌一面墙连接加固三块碑，直接将龟趺颈部改刻为头。或许已掉落损坏，或许为了砌墙方便，"治隆唐宋"及另一块乾隆御诗碑的碑额没再保留，两块御诗碑依然呈不对称分布。

修缮结果正好被另一张老照片反映出来，让我们了解到今天碑殿格局形成经历了一个过程，并非平定太平天国后重修时一次完成。同时，也说明当时历经兵燹后清政府财政与管理的捉襟见肘，虽公文往来必称修御碑"以昭崇敬"，实际"尚非紧要之工，暂从缓办"，只要不倒就顾不上，倒了也用能省则省的简便方法应对，如"治隆唐宋"碑受损的

蛋白老照片中的碑殿

已形成"缩头乌龟"的碑殿

碑身及龟趺均未重做，碎裂的东卧碑也是修修补补。同治十一年(1872)十二月，孝陵围墙倒塌，次年补砌围墙，同时给守陵人修了三间平房，还将乾隆御题诗碑从一侧调整至"治隆唐宋"碑左右对称分布，并重新砌墙固定，从而形成今日碑殿内之格局。从这次追求美观的主动作为看，大清王朝大概是又喘过来了一口气。

## 第六节 "治隆唐宋"碑与织造曹家

孝陵碑殿后部西侧卧碑，刻的是 1699 年康熙帝第三次谒明孝陵纪事。碑文大意说：康熙皇帝忧念江淮水灾而为此南巡。亲赴河岸，视察指导治河情况，赈济受灾百姓。驾至江宁，不顾左右劝阻，仍躬行亲祭，并为之亲书"治隆唐宋"。谒陵过后，命江苏巡抚宋荦、织造郎中曹寅会同修理孝陵残破之处，又命曹寅将"治隆唐宋"制匾悬置殿上，并行勒石，以垂永远。

按理说，皇帝对于明孝陵的旨意应由地方官员办理，而不是委派江宁织造。江宁织造直属于内务府，性质是为皇室采办服务的机构。康熙皇帝如此下令，是因为他与曹寅的关系非同一般。并且，康熙毫不避讳这种关系，甚至将其公开化，其实是在向众人说明，曹寅就是他在南京的代理人。那曹寅为何能受此恩遇呢？

江宁织造自顺治二年(1645)设立，至光绪三十年(1904)撤销，存世约 260 年。其间，织造主管官员先后更迭数十人，而曹家祖孙三代，曹玺、曹寅、曹颙、曹𫖯四人连任江宁织造约 60 年之久，与江宁织造及南京关系最为密切，影响也最大。当然，曹家之所以为人所熟知，还因为曹寅之孙曹雪芹，为中国文学留下的不朽名著《红楼梦》。

曹家原系汉人，清兵尚未入关时，即入了正白旗。顺治八年(1651)，皇帝自领上三旗，曹家也就成了皇帝的包衣（奴仆）。曹家发迹是在康

## 第六章　陵宫区的前朝

熙朝,曹玺之妻孙氏入宫做过康熙的乳母。康熙南巡时,口称孙氏"吾家老人",可谓荣耀之极。曹寅少年时,也曾被挑选为康熙的"伴读",故深得康熙信任。曹寅的女儿,还是"世袭罔替"的八大"铁帽子王"之一的平郡王纳尔苏的嫡福晋。基于以上种种关系,曹家在康熙朝一直是显贵不衰的大家族,并以"织造世家"闻名于上层社会。康熙当政的61年时间里,不仅江宁织造成了曹家的世袭职务,曹寅的内兄李煦、曹寅母亲孙氏的亲属孙文成,也都在曹寅的举荐下,分别担任苏州织造与杭州织造多年。康熙要求江南三织造形成以曹寅为中心的"三处一体",成为康熙在江南的心腹耳目。这个"三处一体",也就是曹雪芹在《红楼梦》第四回中所写"护官符"的现实原型。

江宁织造所承担的任务,远不止南京织造的事务那么简单。还包括收集反清活动的情报,报告高级官员的思想行动,安抚、笼络江南前朝遗老、文士名流,奏报当地气候、年景、水旱病虫以及米价、丝价行情的变化,平抑物价,用内务府的钱投资盈利,等等。

所谓"有闻地方细小之事,必具密折来奏"。如南京明孝陵的塌陷、修补,以及由此而产生的种种传闻,曹寅先后奏报了多次。曾任帝师的大学士熊赐履,康熙也令曹寅暗中了解他在家所做何事。在熊身后,康熙"闻得他家甚贫,果是真否"? 随后叫曹寅送些钱去。康熙一再叮嘱曹寅:"倘有疑难之事,可以密折请旨,凡奏折不可令人写,但有风声,关系匪浅,小心,小心,小心,小心!"康熙之所以要如此小心,为的是不露形迹地通过曹寅掌握江南这片沃土的真实情况和各种动态,使自己能够做到"耳聪目明"。在给曹𫖯的批示中,康熙甚至写道:"尔虽无知小孩,但所关非细。念尔父出力年久,故特恩至此。虽不管地方之事,亦可以所闻大小事,照尔父秘密奏闻,是与非朕自有洞鉴。就是笑话也罢,叫老主子笑笑也好。"

康熙六次南巡至江宁,四次驻跸江宁织造府,接驾事宜均由曹寅总负责。附近的苏、杭、镇、扬等处的迎驾,亦由曹寅和李煦安排。南巡时所修织造府、扬州行宫，以及所备车马船只、饮食娱乐等，凡事穷奢极欲，正如《红楼梦》中叙述江南甄家独接驾四次时那样："别讲银子成了土泥，凭是世上所有的，没有不是堆山塞海的。'罪过可惜'四个字竟顾不得了！"

偌大的南巡花费、做生意的不擅长，还有结交江南名士，资助文化事业的支出等，一起构成了曹家的巨额亏空！说白了，曹寅就是拿着皇帝内库的银子，秉承皇帝的旨意在办事。康熙深知其中情由，并且每笔花费也都呈报给他过目，得到认可的。但是，清代的财政制度绝不是今人想象的那么没有章法，更不是当权者认可即可报销的。康熙曾在朱批密折中叮嘱曹寅："两淮情弊多端，亏空甚多，必要设法补完，任内无事方好，不可速（疏）忽。千万小心，小心，小心，小心！"那怎么补呢？皇帝的办法是派曹寅、李煦轮流去主管油水丰厚的两淮盐务，还曾让曹寅管过八年"五关"铜觔，以补亏空。或许是花钱如流水惯了，或许是算账能力太差，反正屡亏屡还，屡还屡亏。直至康熙去世，曹家所欠的亏空也未能偿清。

雍正朝开始，曹家立即受到了截然不同的待遇。如曹雪芹所写的那样："忽喇喇似大厦倾，昏惨惨似灯将尽。"首先，康熙的亲信未必是雍正的亲信。雍正即位半月后即开始收缴康熙朝朱批谕旨密折，于是秘密尽为其所知，其中不乏曹李两家与雍正的政敌来往等事。加之曹頫自身能力也确实不济，去职也就是迟早的事了。

其次，过去那笔总也还不清的"糊涂账"，又被重新查算。虽说雍正为人雷厉风行，但对曹家曹頫还是有意保全的。核定亏空公款数约四万五千两，准其分三年偿清。曹頫却有点不识时务，非但三年限内未能完款，还不断地触怒雍正帝。如私下赠人福珠金线，江宁织造的产品质量下降，绸缎落色等。雍正四年（1726），因江宁织造织缎粗劣，曹頫被罚俸一年。雍正五年（1727），皇帝发现自己穿的石青褂落色，又被罚俸一年。曹頫也深感到事态严重了，此时外间又传闻他已预料

第六章　陵宫区的前朝

到即将被籍家,于是暗中转移财物(从事后抄家情况报告来看,确实如此)。闻听此言的雍正帝大怒,数案并发,下旨对曹𫖯革职抄家。曾经显赫一朝的曹家彻底没落了。

　　曾经温柔富贵、花团锦簇的钟鸣鼎食之家,最后落得个悲金悼玉、红楼一梦的下场。正是这种戏剧化前盛后衰的强烈对比,造成了曹雪芹对于人生如梦如幻般的感觉,也成了他创作《红楼梦》的契机,"一把辛酸泪"的素材。

碑殿康熙谒陵纪事碑西碑拓片

康熙给曹寅的朱批

今日碑殿

## 第七节 "统战手段"还是"英雄相惜"？
## ——再说"治隆唐宋"

碑殿后侧东碑刻 1684 年康熙首次南巡谒陵纪事，大意说：皇帝敬重朱元璋是一代开国之君，且功德甚高。于是南巡未至金陵时，即令官员准备祭祀明孝陵事宜。在遣官员致祭之后，康熙决定亲自拜祭。经过明故宫遗址时，但见一片废墟，不由得感慨万千。到明孝陵后，为显尊崇，康熙帝并不走御道，至享殿竟行三跪九叩之礼。又至宝城，奠酒三爵。并赏赐守陵内监及陵户，传谕他们小心看守，加意巡视。全城士民，观瞻如堵，无不称颂。总督王新命、巡抚汤斌等跪奏说："皇上亲行礼奠前朝陵寝，诚亘古未有之盛典，垂之史册，永为万世章程，臣等不胜欣感之至。"

传统对此的解释是，康熙政治手段高明，以此消弭满汉矛盾，稳定清朝统治。从阖城观者如堵，耆老遗民为之落泪看，确实达到了这种效果。不过，"统战说"有点流于表面，失于浅显。康熙六次南巡，五次亲谒孝陵，从三跪九叩到降格走文武大臣通行的角门，尤其是平定"三藩之乱"，迎来"盛世"之后依然如此，恐怕就不是"统战手段"可以解释的了。就像一次一时可以说装模作样，次次如此，始终如一，再用"作秀"定义未免有失公允。当然，策略手段用意并非没有，但更多的是发自内心的"英雄相惜"。

在康熙看来，"洪武乃英武伟烈之主，非寻常帝王可比"，并且也认为"明太祖天授智勇，崛起布衣，纬武经文，统一方夏，凡其制度，准今酌古，咸极周详，非独后世莫能逾其范围，即汉唐宋诸君诚有所未及也"。因此，康熙一再坚持亲自致奠，亲书"治隆唐宋"确实是发自内心的真实评价。

就字面看，"治隆唐宋"的意思是称赞朱元璋的治国水平超过唐太

## 第六章 陵宫区的前朝

宗、宋太祖,但可以负责任地说,朱元璋治下的社会肯定没有大唐的开放气象与赵宋的富庶繁华,生活在洪武时代的才子解缙就曾上书抱怨"无几时不变之法,无一日无罪之人",他又岂敢信口开河?康熙皇帝如此评价,是不了解历史吗?非也,所谓"治隆"其实另有所指,而不便明言。

百姓福祉、社会富庶是今人的评价标准,康熙的立场与角度则是王朝统治者。那他的标准是什么呢?对礼部请示入祀历代帝王庙的名单,康熙曾这样评价:"又如有明天下,皆坏于万历、泰昌、天启三朝。愍帝即位,未尝不励精图治,而所值事势,无可如何,明之亡非愍帝之咎也……愍帝不应与亡国之君同论,万历、泰昌、天启实不应入崇祀之内。(《清圣祖实录》卷二百九十七)"

把明朝忙玩完了的崇祯情有可原,深居后宫怠政的万历、权力托付给魏忠贤的天启则不配享受皇帝的祭祀,故《明史》有"明之亡,不亡于崇祯,而亡于万历天启"之论。从这推测,勤政与否似乎是衡量标准。后半生沉迷修仙的嘉靖皇帝肯定算不得勤政,但奉康熙为偶像的乾隆对他的评价还不低:"明世宗虽溺意斋醮,尚不至如万历天启之昏庸

**治隆唐宋碑拓片**

失德,其陵寝自应照前一体致祭。"(《清高宗实录》卷一千二百二十六)这就奇怪了,不管起因为何,逼得宫人发动"壬寅宫变",差点被勒死的皇帝还不算失德?重用严嵩贪腐乱政 20 年,还不算昏庸?只有"外托玄修,暗操独治",大概才是乾隆隐晦的欣赏处。清帝常将"怠惰偷安,不亲朝政"挂在嘴边作为历史镜鉴,实则不便说的潜在含义是君权一定要独揽,哪怕实行严刑峻法、乱作为、胡作为的都是"明君",即

便不作为，大权也决不能旁落。从这个角度讲，唐宗宋祖自然远不及"废丞相，自领六部"的朱元璋。

朱皇帝如果能看到清朝，一定也会非常欣赏清朝统治者。他们对君权的操控更驾轻就熟，将集权专制具体落实到细节，并且更加高明，不再使用拖出去打屁股那种低级粗暴的驭下方式。比起朱氏子孙，清朝皇帝不论作为大小，勤勉敬业的态度更像是朱元璋的继承者，即使去拜谒的是明朝祖宗，也比朱元璋那帮龙子龙孙要认真积极得多。

## 第八节　最重要的地面建筑享殿里都有啥？

享殿，又名"孝陵殿"，此后帝陵还有祾恩殿、献殿、寝殿、香殿等不同称呼，是整个陵寝建筑中最重要的祭祀场所。唐宋帝陵的祭祀场所分为上宫和下宫两部分，上宫祭殿为陵前献殿，供奉神主，是上陵时举行礼仪性祭典的地方。下宫距陵稍远，供奉墓主画像、衣冠、饮食起居，事死如生。孝陵享殿相当于唐宋陵园中的献殿，并提升地位作为一个单独院落。

享殿建成于洪武十六年（1383）五月，当时太子朱标奉朱元璋之命举行了隆重的祭告仪式。其规模宏大，现残存高约3米的三层石质须弥座台基。底层台基东西宽约70米，进深约50米；中层台基宽约65米，进深约45米；上层台基宽约60米，进深约40米。每层台基均以石栏板、望柱及散水螭首装饰。台基居中置浮雕陛石三块，图案分别为"天马行空""日照山河""二龙戏珠"，今已漫漶不清。

台基上原建有木结构的高大殿宇，建筑及其内部陈设极为奢华，立柱为直径约1米、高约10米的楠木，部分柱身还装饰有金龙。清咸丰三年（1853），殿宇毁于战火。从现在殿基上保存着60个边距约在1.24米见方的石柱础推断，当年孝陵殿东西面阔九间约55米，南北进深五间约25米（明长陵享殿面阔约66.5米、进深约29米，是明清皇

## 第六章 陵宫区的前朝

家陵寝中规制最大的一座,孝陵次之)。今天的建筑约初建于清同治四年(1865),在"酌量兴修"的旨意下,缩减为"土地庙"模样。

享殿的地位及形制模仿皇宫中的太和殿(明称奉天殿,即民间俗称的金銮殿),太和殿内外景象及装饰陈设,今人通过影视作品不难了解,但对享殿就完全陌生了。好在还有北京明十三陵中长陵的享殿存世,其结构及形制基本保持了明代风貌,孝陵应与之类似,只是规模稍逊,不过由于旅游及展览等原因,长陵享殿并未复原当年内部场景陈设。当初享殿里都有些什么呢?就明孝陵而言,首先,殿内供奉朱元璋、马皇后及其他妃嫔神主牌位,上书帝后的庙号谥号,这也是享殿最基本的功能——安放墓主牌位以供祭祀。其次是灵座,帝后各一,入葬时放于殿内,《肇域志》等记载为两张朱红圈椅。又据明李应征《谒长陵》"乾坤留剑扃,伏腊拜衣冠"等诗句推断,孝陵享殿内也应有帝后衣冠等物品。明朝祭祀制度,册宝(册即册封的诏书,宝即印章)、衣冠一体放置,故必有册宝。再按照明代礼仪,停灵殿内需教坊司以乐承应,设而不作,入葬后乐器陈设于殿中。另外,《肇域志》还记载御座前有朱红案,案上红匣中放置永乐时所得石龟。

再让我们看看明末才子张岱笔下的享殿,《陶庵梦忆》云:"壬午(1642)七月,朱兆宣簿太常,中元祭期,岱观之。飨(享)殿深穆,暖阁去殿三尺,黄龙幔幔之。列二交椅,褥以黄锦孔雀翎,织正面龙,甚华重。席地以毡,走其上必去舄轻趾。稍咳,内侍辄叱曰:'莫惊驾!'近阁下一座,稍前为硕妃,是成祖生母。成祖生,孝慈皇后妊为己子,事甚秘。再下东西列四十六席,或坐或否。祭品极简陋……"

有意思的是,俄国外交官尼·斯·米列斯库曾于1675年出使中国来到孝陵,在其《中国漫记》中记述:"这座陵园方圆十三俄里余,分五层栽种了各式松柏。尽管精巧的建筑比比皆是,但都比不上御庙之精致,金碧辉煌,熠熠闪光。庙中央有两个宝座,镶嵌着各种宝石,皇帝坐在其中的一个上祭神。在这座庙内,只能由皇帝本人祭祀,庙内没有神像,在

> 探
> 谜
> **明孝陵**

庙的外墙上有太阳、月亮、山岭、河川等图画,均为红色大理石上天然形成的。中国人说,图画在庙外是为了不让人祭祀这些自然现象,而祭祀创造这些自然现象的神,也就是庙内的神以及皇帝。这里栽有各种树木,任何人若攀折树木,都要受到极刑惩罚。"如果抛开位置信息,只读这段文字,大概怎么也不会想到这是对孝陵享殿的记载。尽管文字充满了种种不靠谱的描述和臆测,享殿给他带来的巨大震撼是毋庸置疑的。1675年是康熙十四年,距张岱谒陵过去了30多年,此时康熙尚未南巡,这也说明朝代更替对孝陵环境、建筑影响不大,清初依然保护得较好。

明孝陵享殿一隅

明长陵祾恩殿

# 第七章

## 陵宫区的后寝

# 第七章　陵宫区的后寝

明孝陵首创的前朝后寝布局呈"前方后圆"状,"前方"指前部方形的院落,"后圆"即陵寝后部的宝顶平面呈圆形。至于为什么要改唐宋方形封土为圆形,以往"南方无方坟"的解释似乎过于简单。后寝布置有大石桥、方城明楼、宝城宝顶等,朱元璋与马皇后长眠的地宫即位于其下。这片区域建筑体量巨大,创新之处颇多,后世沿袭时规模多有缩减,且变化之处亦多。

## 第一节　内红门的前世今生

内红门之称未见于孝陵史籍,可能由明长陵而来。梁思成《中国建筑史》说:"(长陵)由外而内,为陵门,棱(祾)恩门,棱(祾)恩殿,内红门,牌坊,石几筵,方城,明楼,宝顶。"相关文献上则称内红门为"殿北门"或"殿后门",即享殿后面的第三进院落的过门,非经特许即使皇亲贵戚也不得入内。门为三洞券顶,面阔约 23.89 米,进深约 4 米,顶覆黄色琉璃瓦。原门于晚清战火中残损,简单维修封堵后留正中一门通行,直至 2006 年按旧制复建。

就陵宫"前朝后寝"的格局来说,此门之后为墓主的休息区域,类似于后宫。于是民间有"阴阳门"之说,意寓"阴阳两隔"。是否有此寓意未见于史料,但"非请勿进"是肯定的。之前说过,从大金门,甚至更前端区域,三孔中门都是"左御道、右王道",文武勋贵只能由两侧角门通行,再到陵宫区大门、二门均是如此,这第三道门只有中间三门没有设置两侧角门,而文武官员不得入内,也从另一个角度印证了关于门的礼仪制度。

明清易代,不可一世的守陵太监转眼成了社会底层的弱势群体,没有其他出路的、对孝陵怀有感情留下的,大概也没法住回神宫监,只能委身门洞了。屈大均记道:"殿后门有三,为夹室数楹,皆用黄瓦,中官居之,以司香及洒扫焉,亦非旧制也。"

内红门里也是清代直至民国时期保护孝陵的核心区域,中门两侧墙上张贴政府保护孝陵、禁止樵牧的告示。

修复后的内红门

## 第二节　陵园内最早的休闲服务设施

同治十二年(1873),清朝地方政府为保护陵寝,在内红门外添做栅栏以防止马匹闯入,还为守陵人建了三间房舍,并种植梧桐数株。守陵人则在树下摆起了茶摊,供往来游客休憩,这可能是明孝陵有文献可考最早的休闲服务设施了。守陵人颇具经营意识,据清末明孝陵白描图关于内红门的题记说,摊主藏有一幅明太祖画像,游客给钱方肯拿出来供人一观。老照片上,清亡之后,告示和茶摊不因时代更替而消亡,而摊主的经营之道,一百多年后的今天仍屡见不鲜。

有锱铢必较的,也有慷慨大气的。随着时代发展,提供服务的自然不止这一处,经营内容更是与时俱进。1934年6月9日上午,日本

## 第七章 陵宫区的后寝

驻南京总领事馆突然通知国民政府,副总领事藏本英明"失踪",外交交涉的同时,日本军舰开到下关江边准备"讨说法"。为避免事态扩大,南京警察厅、警备司令部一面全城搜索,一边通过报刊广播悬赏寻人。13日上午,在明孝陵宝顶找到欲寻短见的藏本,一场危机才得以化解。据其自述:8日晚,藏本准备上紫金山"自杀"却难下决心。四处躲藏,饥渴难耐之下,10日到明孝陵前新开的顺兴亨号茶馆喝茶。11日晨再次到茶馆,吃了一碗火腿面加两个鸭蛋,买大英牌香烟两包、瓜子一包,临行前又买啤酒一瓶,合计大洋1元、铜元4枚。因身上钱不够,藏本将西装的金纽扣解下抵账,女店主却坚持不肯收,说:"先生既忘带钱,下次来时可再还也。"藏本说下次未必会再来了,坚持将纽扣留下而去。13日早晨因再次下山找水喝,被中山陵园职工发现并报警。被找到后的藏本情绪低落,对于为何自杀不愿多谈,只是说:"贵国无负于我,我亦无负于贵国也。"无论他自杀是否出于自愿,不管事件背后是否别有阴谋,女店主的淳朴善良也让藏本对人世多了一份美好留恋吧!

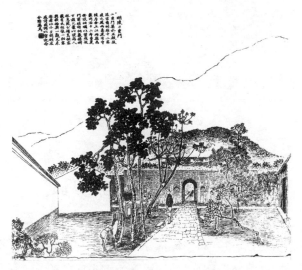

清末白描图中的内红门茶摊

1911 年 12 月南京光复后的内红门茶摊

1912 年的内红门茶摊

## 第三节　升仙桥与石几筵

明孝陵方城前有一座长约 54.79 米、宽约 26.88 米、体量宏大的单孔石桥,史称"御桥",俗称"升仙桥",意寓朱元璋的灵魂通过此桥升

## 第七章 陵宫区的后寝

天成仙。这充满民间想象意味的俗称，与"阴阳门"非常契合，大约是配套而来。桥下是孝陵的第三道排水通道，以避免宝顶及陵寝受雨水侵害。此外，大石桥也给平直的神道带来由窄变宽以及高低起伏的变化。据考古认定，此桥为明初遗物，不过老影像上仅有桥面，石栏为2006年接补修复的，还部分使用了明清遗物。或许因为北方雨水较少，这并未被明十三陵所继承。

虽没有升仙桥，但明十三陵的每座陵寝都设有石几筵，又称"石祭台""石五供"，一般由祭台和五供两部分组成。祭台长6～8米，宽1.5～2.2米，高0.9～1.25米不等，由整块白石雕成。五供是祭台上陈设的五个石雕祭器，中间是香炉，作三足鼎形，三足的外侧雕有饕餮纹样，炉盖上雕云龙；两侧是烛台和花瓶，烛台雕有仰莲及云纹纹饰，花瓶两耳雕有衔环，造型别致。三种器型源于青铜器中的鼎、豆、壶，是延续久远的随葬及祭祀礼器。

石五供主要是作为一种象征性的祭器，表达对祖先的纪念供奉，当然，也起到装饰美化陵园、丰富布局层次的作用。清代帝陵沿用了石五供的设置，同样由一座香炉、二个烛台、二个花瓶组成。与明代有所不同，清代后妃也有自己的陵寝，石五供也用于皇后陵中，但妃子墓园则无此之设。

较之于石五供含义明确的具象，高大方城明楼前开阔的大石桥无疑带给文人更多的遐想空间。日本作家芥川龙之介《中国游记》中写道："一个小时之后，我们两人走在了通往钟山孝陵的一座宏伟的石桥上。孝陵因太平天国之乱，楼阁殿堂大抵被烧毁，随处尽是野草。离离青草中，或立着巨大的石像，或残存着门基。此情此景，绝非于奈良郊外的碧草中追忆腰佩银钉宝刀的贵公子时的寂寥之情所能相比。这座石桥的石缝间，随处都开着一簇簇的蓟花，这一景象本身就充满了怀古的诗境……"

明孝陵升仙桥

明长陵石几筵

## 第四节 方城明楼是明孝陵首创的建筑形式吗?

一般认为方城明楼是明孝陵首创的建筑形式,这其实是不严谨或不准确的,凤阳明皇陵已有方城明楼之设,而且还有东南西北四座,只是早已无存,所以明孝陵的方城明楼是留存至今最早的。当然,说是明代或朱元璋首创的则无问题。

## 第七章 陵宫区的后寝

方城是宝顶前一座长方形巨型砖石建筑,东西面阔约75.26米,正面通高约16.25米,南北进深约31米,下部为高约2.4米的石质须弥座,束腰处刻绶带纹和方胜纹。方城东西两侧为呈"八"字形砖砌影壁,高约7米,宽约20.66米,厚约1.5米,俗称"八字墙"。影壁下部须弥座亦为砖雕,束腰处及影壁四角装饰石榴、万年青、牡丹等砖雕花卉,这是明孝陵最为精致的局部,代表了明初砖雕技艺的最高水平。2002年,相关部门曾对砖雕的残损部位实施过修补。方城南面正中,开有拱券顶拾级而上的隧道,隧道内高约5.5米,宽约4.4米,长约30.3米,共有54级台阶。隧道下部为石质须弥座,上砌条石。隧道出口为方城与宝顶之间的夹道(亦称哑巴院),进深约5.6米,宽约64.4米。出口对面即宝顶南面挡土墙,以13层条石垒筑,正中楷书横刻"此山明太祖之墓"。东西两侧皆有磴道可登临明楼。

明楼如同城楼,居于方城顶部,东西面阔约39.25米,南北进深约18.4米,外墙红色、内墙黄色,南面开三门,东西北三面各开一门。原顶部在咸丰三年(1853)毁于兵火,仅存砖墙四壁,现顶部为2008年复建。

关于方城明楼的起源,一种观点认为其源自南宋帝陵制度中的上宫献殿和龟头屋(又称攒殿,其下安置梓宫),简单说来,就是享殿相当于下宫(日常侍奉的寝宫),明楼相当于上宫(上陵祭祀的献殿)。但这种观点显然有问题,即便明楼前会举行祭祀活动,也仅限于皇家小范围内,隆重祭祀典礼一定是在享殿内外举行。现在更多研究倾向于,明皇陵是孝陵明楼的直接源头,是由唐宋帝陵内陵院陵门演化而来的,不过舍弃了阙楼,门从过梁式发展到券洞式。这与明初都城设计思想与城门形制变化的趋势是同步的。

方城影壁砖雕(局部)

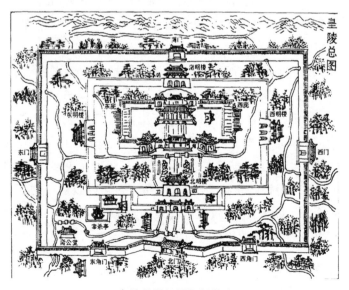

皇陵总图(《凤阳新书》)

第七章 陵宫区的后寝

晚清时的方城明楼

加顶保护后的方城明楼

## 第五节 国学泰斗的"到此一游"

明孝陵方城隧道入口右侧的石壁上，留有"民国十五年八月二十九日余杭章炳麟、腾冲李根原、崇明徐兰墅同谒孝陵记于隧中"34个字的篆书题刻。这块"到此一游"的题刻面积很小，也不大起眼，很难被过往游客所注意。

明孝陵

　　章炳麟(1869—1936)，号太炎，浙江余杭人，一生充满传奇。大家比较熟悉他，大多是因为历史教科书中作为反对行君主立宪而写下《驳康有为论革命书》而闻名的资产阶级革命家，其实他还是位泰斗级的国学大师。他平生涉猎甚广，哲学、文学、佛学、语言学、文字学、音韵学、逻辑学等方面均有建树，黄侃、钱玄同、许寿裳、朱希祖、刘文典、汪东、沈兼士、马裕藻、龚宝铨、吴承仕、周树人(鲁迅)、周作人(启明)等国学、文史大师均出自其门下，尚无一能全面继承衣钵者，所以称之为泰斗并非过誉。

　　章氏个性张扬不羁，脾气和学问一样大，绰号"章疯子"。他一生骂人无数，从光绪、慈禧，到孙中山、袁世凯、蒋介石都在其列，不知鲁迅先生是否也得了几分真传。要说到骂出水平、骂出学问的，当数他骂康有为的一副对联："国之将亡必有，老而不死是为。"上联出自《中庸》："国之将亡，必有妖孽。"下联出自《论语》："老而不死是为贼。"对联将康有为的"有"和"为"嵌入联尾，又含而不露地骂康有为是"妖孽""贼"。

　　极少有人知道，"中华民国"之名与章氏也有着莫大关系。1906年12月2日，同盟会在东京举办《民报》创刊一周年纪念会，孙中山演讲三民主义与五权宪法，这是正式用汉语宣称"中华民国"的开始。次年，章太炎在《民报》第15号上发表《中华民国解》一文，引经据典从文化渊源上对"中华民国"概念进行解读。这解读为革命党人抢占到了舆论与道义斗争的制高点，其意义不容低估。清王朝本以天命正统自居，将革命党列为境外敌对势力(尤其是日本)扶植的"颠覆分子"，经过章氏创造性的转化逆袭，清朝反而沦为了最大的敌对势力和华夏文明的宿敌，"颠覆分子"成了大明江山的孤臣孽子、华夏文明的正统继承人。"中华民国"因而成为具有排满革命思想的政治团体和仁人志士的理想共识，之后才有了1912年的"中华民国"。

　　而当共同为之努力奋斗的"民国"沦为专制的"党国"时，势必会引发其他政治团体及个人的失望与不满，章即其中之一，他与国民党渐行渐远。1926年8月,章氏接受军阀孙传芳之邀,到南京就任"修订礼制会会长",与孙传芳一起投壶作乐。并通电全国,反对蒋介石组织北伐。游明孝陵题字即在此时。1927年南京国民政府成立,章表示"今之拔去五色旗,宣言以党治国者,皆背叛民国之贼也",自命"中华民国遗民"。国民党上海市党部则指名章太炎为第一号学阀,呈请国民党中央加以通缉。之后章氏基本不再参与政治,退居书斋,埋头国故研究与讲学授徒,粹然一代儒宗。

章太炎的古文字功底极为精深,能全文背诵《说文》《尔雅》,讲学时不编讲义,不用参考书,只凭口诵手写。其书法尚碑而轻帖,以厚重质朴、生涩沉稳为美,兼从先秦铜器、钱币等金石文字中汲取营养,融会贯通而独辟蹊径。章爱写篆书,甚至用来开药方、写便条,当作日常书写文字,这就难倒了不少人。有则笑话说他一次让仆人去买肉,不识篆字的仆人拿着他手书条子跑遍了苏州城,仍空手而归说:"您写的东西,人家都说没有。"原来他把"肉"写作篆体,和"月"字相差无几,市井小贩自然无人认识。明孝陵题刻亦即篆书,故一般游客也难以辨识。

章太炎一生背负着强烈的文化责任感与使命感,他也因此更加自傲与自负,被袁世凯幽禁期间,曾一度绝食,并留下遗言:"我死之后,华夏文化亡矣!"至死依然,其临终遗言曰:"朴学从此中绝矣。"

章太炎

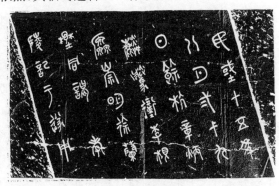

章太炎题刻拓片

## 第六节 "眀"字是写错了吗?

明孝陵题刻不止章太炎这一处,方城隧道出口对面的石壁上,还刻有"此山明太祖之墓"七个楷书大字。据说民国初年,常有游人至此询问明太祖墓在哪里,于是好事者在宝城醒目处刻字,以告知游人。令今人好奇的是,七个字中的"明"写作"眀",是写错了,还是故意这么写的呢?

这还得从明朝的国号说起。朱元璋定国号为"大明",对此朱元璋及明代官方未曾做过解释,并将其列为禁讳,故时人也无相关记载,以至于后人推测纷纷。著名明史学家吴晗先生认为"大明"源于"明教"。明教,原称摩尼教,是波斯人摩尼所创,唐延载元年(694)传入中国,因其崇拜光明,所以又称明教。吴晗的观点影响极大,中外学者多视为圭臬,包括金庸也依其说,在小说《倚天屠龙记》中,他将明教描绘为一支反元势力,工于心计的朱元璋亦出身于此,最后窃取了起义成功的果实。同时,吴晗也推测,"明"还可以从儒家教义("明"意为光明,礼有祭祀"大明"),甚至阴阳五行学说(南方为火,北方属水,朱元璋起自南方,元建都北方,故以火克水,以明制暗)来解释,以满足当时各方集团的不同诉求。

不过,当代学者更为深入的研究认为,元末大起义的策动者宣扬的是白莲教、弥勒教,而且未曾和明教相混合,国号和明教这种外来宗教并无关系。基于以上认识,学者杨讷认为,"明王出世"实出于佛教净土宗教义,"明王"就是阿弥陀佛,是"诸佛光明之王"。朱元璋在《讨张士诚令》中,还曾说:烧香聚众的"愚民"是"误中妖术","酷信弥勒之真有,冀其治世,以苏其苦"。其实,他何尝不是以此起家,"挂靠"小明王政权之下?所以,不乏以"诸佛光明之王"自居之意,自诩新王朝的建立是"光明世界"的来临,从此天下"大明"。

不管哪种解释,"明"怎么看都是个好字。于是有种传说,这个字让清朝统治者"羡慕嫉妒恨",于是他们在字形上做起了文章。御制《康熙字典》序中有"眀则《洪武正韵》""汉晋唐宋元眀以来"之句,皆以"眀"作"明",意思是贬低明朝,有月无日,谈何光明?

从汉字演变的轨迹看,贬低说更像是个"段子"。东汉许慎《说文解字》释"明"字曰:"朙,照也。从月,从囧。明,古文朙,从日。""囧"是窗户的形状,象征月光透过窗户射入室内的效果。这么说的话,"明"开始应该是蒙蒙亮,而不是后来光明、明亮的意思。"朙"是最早的古字,"眀"是东汉时流行的写法,后来演化成"明",并且至少在唐至明清的一千多年中,"眀"被广泛使用。从汉唐石经到《颜鲁公书祭姪帖》,都能看到"眀"的写法。明代正德年间太监马璇的墓志铭上面刻有"眀故司设监""有眀年",用的也是"眀",甚至新中国建立后国家重点文物保护单位标志碑明孝陵也用了"眀"。所以,清朝直至民国、新中国,"眀"不过是历史沿用罢了,谈不上矮化抹黑明朝的贬低用意。当然,清代官修《明史》在《太祖本纪》中说到朱元璋即皇帝位时,写"定有天下之号曰明,建元洪武",还是把"大明"国号的"大"给去掉了。

**宝城南墙题刻**

明孝陵文保碑

## 第七节 哑巴院与月牙城

方城与宝顶南墙之间形成的院落,称为"哑巴院"或"方城院"。民间传说中,建陵完毕后集中工匠于此,灌下哑药以免泄露地宫机密,故而得名。但哑了也可以写字,不会写字也还能画,这种望文生义编出的故事实不足信。其实,此处"哑巴"喻义内向封闭,如明清官式歇山式样大木作中封在山花内而不露明的椽子,一概称"哑巴椽"。

矩形平面的小院左右修筑有上达明楼和宝城的磴道,便是哑巴院的雏形,也算是明孝陵首创的建筑形制,尽管这或许是无意而形成的。北京明十三陵中有九座帝陵在方城明楼和宝顶之间建有哑巴院、月牙城以及琉璃影壁,清东西陵因循之,除了道光帝慕陵外,八座帝陵也有此配置。

不少著述说月牙城是哑巴院的雅称,这也是误解。月牙城专指哑巴院宝顶那段的挡土墙,因挡土墙多为月牙形而得名,也称"月牙墙"。明孝陵为直墙矩形哑巴院,也就没有月牙城一说。

后世月牙城中央一般附砌一座琉璃影壁。在清代,已故帝后灵柩

## 第七章　陵宫区的后寝

从方城隧道进入哑巴院，直抵月牙城下，再由一条下斜的坡道进入地宫入口。奉安结束后，填平通道，月牙城外壁砌筑琉璃影壁。所以，影壁的作用是遮蔽地宫入口。

哑巴院还是举行"负土礼"的地方，通俗讲，就是清明时给坟头添土，民间百姓也有此风俗。《清朝文献通考·王礼》记载：康熙三年正月"定清明节上土仪；每岁清明于各陵上十有三担，承祭官、总管关防率官兵共十有三人升宝顶上土"。同书又记载乾隆三年（1738）二月"更定清明节上土仪。礼臣议言：清明节山陵增土，因沿前明旧制。但负土十三担，往来二十余次，似觉烦数；且十三担并无取义。恭拟每年清明于各陵皆增土一担，由（哑巴院）西蹬道升至石栅，并为一筐，但令承祭官一人，敬谨奉筐而升，祗跪上土于宝顶，仍由西蹬道降，庶践履不致多人，而保护巩固之意益昭，诚敬矣。'从之"。按制，负土礼还必须由皇帝在登基后不久亲自举行一次，路线则由哑巴院内"东蹬道升至方城石栏东"，这与"左御道"的礼制规定也是一致的。

礼臣说负土礼是明朝旧制，但明朝亲自抬筐背土爬宝顶的皇帝大概只有朱棣一人，《明太宗实录》卷八十八记载："（永乐七年）戊子，驻跸凤阳，谒祭皇陵。祭毕，上亲负土益陵。于是尚书夏原吉等皆负土以从。"之后去谒过陵的皇帝都没几个，还能指望他们去负土？当然，也许是因为要抬筐背土爬宝顶，他们就更不愿意去了。

明孝陵方城夹院

明宪宗茂陵月牙城前琉璃影壁

## 第八节 明楼里有什么？

哑巴院有东西转向磴道，向北可上宝顶，向南则上明楼。明孝陵明楼是明清皇家陵寝中最大的一座，面积是之后的两倍以上。里面最初有什么不甚清楚，毕竟内红门之后文武大臣都不让进，别说登上明楼了。就算进行维修，都有一定风险。明正统年间，工部右侍郎张顺修孝陵明楼，以纵工不敬罪下狱。

从明亡后顾炎武、屈大均等人提到明楼而无专门记载分析，内部大约也是空无一物。郭华瑜《南京明孝陵明楼建筑形制研究》复原了更多细节：孝陵明楼属城楼性质，五间殿堂结构形式，主体中央三间大小一致，约8.95米，下部以砖拱砌筑墙体承重，上部为重檐木构屋顶，室内无内柱，梁跨约12米，每门有两扇对开板门，室内设天花，使用旋子彩画。她还认为"室内可能有屏风，屏风前有供桌和朱元璋夫妇的牌位"，但这种叙说无相应依据及文献佐证。

明十三陵沿袭了方城明楼建筑，但方城宽度窄了许多，明楼随之呈正方形，每边长16~18米不等，内正中竖一碑，上刻"某（庙号）某（谥号）皇帝之陵"字样，碑涂朱砂，字描金。以万历皇帝定陵为例，明楼碑高约6.2米，宽约1.73米，厚约0.89米。碑额篆刻"大明"二字，碑身中央楷书"神宗（万历皇帝庙号）显（谥号）皇帝之陵"七个径尺大字，字体端庄遒劲。碑座为须弥座形制，自上而下分别雕刻了二龙戏珠、祥云、宝山和海浪。清代帝后均有明楼碑，额篆"大清"，碑身同样刻庙号、谥号，不过用满、汉、蒙古三种文字。

明楼碑在明代官私文献中没有固定称呼，从顾炎武《昌平山水记》中的"大碑"，梁份《帝陵图说》中的"穹碑"，再到《明世宗实录》中的"长陵碑"，《明宪宗实录》中称之为"云龙五彩贴金朱红油石碑"，现代一般称之为"圣号碑"。

关于圣号碑还有段轶事:修仙皇帝将朱棣庙号从"太宗"升格为"成祖",但长陵圣号碑怎么办?嘉靖准备做个新庙号的木套装上,武定侯郭勋认为磨掉改刻"可以垂永久",嘉靖为此"很受伤",说:"朕不忍琢伤旧号,顾不如尔心。"结果自然是旧碑穿新衣。万历三十二年(1604)五月二十三日夜,雷击长陵明楼,引发火灾,木石俱毁。次年三月重立,当然碑上庙号也正好更新了。还有块穿新衣的碑也与嘉靖皇帝有关,他还给生父湖北钟祥明显陵装了个"大明睿宗献皇帝之陵"的木套,这次没遭天打雷劈,却在明末被李闯王一把火烧了,而原来碑刻"恭睿献皇帝之陵"几个字倒保留了下来。天灾人祸都证明武定侯的意见是对的,作为礼仪研究专家的嘉靖皇帝太过矫情了。

孝陵明楼中有没有过"圣号碑"呢?日本汉学家宇野哲人《南京之名胜》中说:"陵上无石碑,亦当是太平军时所毁。"这推测未必对,因为明孝陵明楼本身体量巨大,仅安置一块"圣号碑"略显比例失调,矩形空间正中布局也不如正方形来得完美。况且,孝陵为明代陵寝制度创立之作,有异于后世之处也属正常。

**明孝陵明楼加顶保护前内景**

探谜 明孝陵

明定陵圣号碑

## 第九节 宝顶为什么是圆的?

方城明楼之后,便是宝城宝顶了。通俗来说,宝顶就是坟头,不过这是一个高约 70 米,直径 325 米至 400 米的圆形巨大坟丘,即原宝公塔所在的"独龙阜",之下即为埋葬朱元璋与马皇后的地宫。考古勘察结果显示,作为朱元璋这条"龙"的长眠之地,其表面至少有 60% 的面积经过人工修补、填垫、夯筑,这使得山丘半球形更加圆润。另外,还将土、碎石子和鹅卵石混合铺了一层,以防止山体水土流失。也有学

## 第七章 陵宫区的后寝

者认为这么做兼具防盗功能。

宝城即环绕宝顶所修的砖构城墙,高约7米,周长1 000多米。后世陵寝宝城增设了马道、宇墙,完善为可登临巡守的城堡式墙体。

秦汉唐宋帝陵,甚至直至明皇陵,陵寝平面布局基本为方形,与之相配的坟丘也多作方形或长方形覆斗状。明孝陵则一反传统,改方为圆。对此,刘敦桢认为是受了长江流域"无方坟之习"的影响;杨宽基本持相同观点,认为圆形宝顶"可能和六朝以后南方帝王坟墓采用圆形有关。六朝坟墓除了那些深藏在山腰里不起坟丘的以外,起坟丘的陵墓都作圆形,不见有方形的"。"南方无方坟"是事实,但或许只是原因之一,而非决定因素,比如明皇陵坟丘为什么依然采取方形布局?说受六朝帝陵影响,孝陵麒麟、獬豸又为何不见六朝石刻风格?况且,一统天下的朱元璋未必能看得上南方偏安王朝的典章制度。

笔者以为,明孝陵采取圆形坟丘最主要还是由地理环境决定的,其根本原因在于江西"形法派"的风水术。之前说过,形法派讲求"龙、穴、砂、水、向"地理五诀,能满足龙脉后有"靠",左右有"砂",远"朝"近"案",明堂开阔,水流盘旋等条件,显然只能是三面环山具有方向性的狭长地带,适用于平坦开阔地带的方形结构在此难以展开,所以宋代那种"回"字"套娃"布局演化为前后平铺的三进院落。封土与陵园结构相配,方形或覆斗状封土在群山间既不显崇高威严,也与环境不相适应。还有个重要因素,那就是南京雨水充沛,经过人工处理后的圆形要比方形更实用、更经得起时间考验,宝顶周围加砌城垣也证明了这一点。明清皇家陵寝选址基于同一风水指导思想,因此格局大同小异。明皇陵葬地来自刘继祖施舍,不是主动选择的结果,加之所处地势平坦,于是沿用"回"形结构,并且这种结构没有明确方向性,即使北门作为正门也无违和感。

清末白描图中明孝陵的后寝

明孝陵后寝鸟瞰图

# 第八章　丧葬与祭祀

# 第八章　丧葬与祭祀

丧葬是中国传统文化的重要内容。通过丧葬活动，可以保护和强化宗法家族制度，推行忠孝为本的伦理道德，维护尊卑有别的等级统治，故历代统治者都十分重视整饬丧葬风俗，制定相关礼仪制度。明代的品官的丧葬礼仪，主要依据《仪礼·士丧礼》，参考唐代《大唐开元礼》和宋代《朱子家礼》编订而成，在葬仪、墓地、墓室、棺椁、丧服、丧期以及随葬品等方面，均根据死者生前的身份等级，作出了详细严格的规定。

明朝帝后丧礼则直接源于宋代。马皇后丧礼是明朝建立后第一国丧，因而具有典范意义。与之相比，朱元璋的丧事反倒从速从简得多。南京民间传说朱元璋出殡时13个城门同时出棺材，意指他并不葬于孝陵。而建文帝之父——懿文太子朱标在朱棣夺位后为何依然享有超过朱元璋的祭祀待遇，围绕明初人殉制度又有哪些不为人知的故事，关于朱棣生母的传说孰真孰假，明代帝陵最为神秘的地下宫殿结构如何，以及皇帝皇后随葬品又有哪些稀世珍宝，这些将是本章重点讲述的内容。

## 第一节　马皇后丧礼流程有哪些？

**AI(人工智能)复原马皇后像**

皇后贵为一国之母,去世可以和皇帝一样称为"崩",棺亦称"梓宫",是为"国丧"。马皇后是明朝立国后首位去世的皇后,丧礼算是大明第一大丧,故具有典范样本意义,皇帝的丧礼反而受遗诏及政局影响,隆杀不定。根据《大明会典》《明太祖实录》《明史》等文献记载,马皇后的丧礼仪程大致如下:

（1）制定《大行皇后丧礼仪注》,相当于出个治丧方案。洪武十五年（1382）八月马皇后病逝,礼部奏请皇帝,以宋代丧礼标准制定马皇后丧礼仪注,朱元璋准奏施行。

（2）初丧哭临（集中举哀）。在京文武百官于闻丧之次日清晨,穿素服（本色或白色衣服）诣右顺门外,具丧服（按亲疏分斩衰、齐衰、大功、小功、缌麻五种）入临。临毕,素服行奉慰礼（百官列班进名拜慰遗属）,三日而止。给在京文武官员及听除官（等待任命）每人麻布一匹,令其自制丧服。文武官员皆服斩衰（丧服中最重的一种,粗麻布,不缉边）,需穿二十七日（以日代月）,之后仍穿素服,至百日始服浅淡颜色衣服。闻丧次日,文官三品、武官五品以上的命妇（有诰命的官员夫人）不许戴首饰及化妆,用麻布盖头,穿麻布衫裙和麻鞋入宫哭临。外地官员、命妇丧服与京官相同,从闻讣之日起,穿三日而除。全国军民男女则穿素服三天。自闻讣之日起,京师禁屠宰四十九天,外地三天。全国禁止音乐及其他祭祀一百天。官员百日之内,军民一月之内,不许嫁娶。

（3）小殓和大殓。小殓指为已故皇后沐浴遗容,括发（梳发挽成髻）,更换寿衣,并在灵前陈设祭奠物。大殓一般在小殓的第二天,即将尸体装入棺内。棺前设"几筵"[摆有酒馔等祭奠物的供案。后文"几筵殿"则是停灵及丧期供奉神主（牌位）的地方,非宫内固定场所]、安神帛（白绢折成,使死者的魂灵附于其上）、立铭旌（状如旗幡,上书"大行皇后马氏梓宫"）。另外,其生前日常用品、喜好之物以及皇帝赐赠之物一并殓入。《大明会典》中还有将逝者头发、指甲装入棺中的记载。一般在大殓次日按与死者亲疏关系穿着丧服,即成服之礼,但也不是固定的。成服之后下葬之前,每天要在日出日落时分举行祭奠,即朝夕奠。初一、十五还要另设祭奠,称朔望奠。

(4) 上尊谥。大殓之后,由群臣集议"上尊谥议文",再由皇帝审定,由翰林院官员书写正式的谥册文,由皇帝亲行祭礼将册宝安设在几筵殿。

**明代皇后谥册拓片局部(定陵出土)**

(5) 梓宫发引,即出殡下葬。前一日由皇帝奉册宝祭告太庙,遣官祭金水桥、午门和钟山等神祇,当晚皇帝在几筵殿祭祀,称辞奠。灵柩发引当日,先举行启奠,灵车到时行祖奠,车出午门还要行遣奠。遣奠之后皇帝回宫,不再参加后续仪式。百官则着丧服赴朝阳门外向灵柩辞别。"发引"也称"执绋""执引",为送葬的代称。出殡途中还有"路祭"之礼,百官、军民耆老、命妇沿途按顺序设供品致祭。

(6) 安葬和奉还神主。灵柩抵达后,遣官祭告土地与山神。将皇后灵柩奉安在皇堂(地宫主室)后,皇太子用玄纁(黑色和浅红色)玉璧祭奠，行奉辞礼。安葬完毕，皇后神主还宫，百官穿素服在朝阳门外迎候，入宫行奉慰礼。当晚遣官告谢钟山之神，命所葬山陵为孝陵。明成祖以降，包括皇后丧礼，关闭地宫之后还有个"题主"的环节，即在地宫外设香案举行仪式，将墓主牌位"×××之神王"加上一点。题神主非朝中重臣或内阁大学士不可，张居正就曾奉命为嘉靖的孝烈皇后题主。马皇后与朱元璋是否有此仪式则缺乏记载。

**明代皇后木谥宝（定陵出土）**

（7）九虞。所谓"虞"，指入葬后的祭祀。古人认为逝者虽已入土，魂却还在游荡，行虞礼可使其安定。帝后有九虞，初虞太子在陵寝已行。朱元璋再以醴馔祭祀于几筵殿，自再虞至九虞皆如是。三虞之后，隔一天行一次。九虞后行祔庙礼，即皇帝以醴馔告祭太庙，将马皇后神主安放于太庙之中。

（8）百日。丧满百天，皇帝辍朝，在几筵殿祭告，东宫以下以帛爵祭奠。百官穿素服,挂黑角带赴中右门行奉慰礼,命妇赴几筵殿祭奠。以后凡遇节序和忌日,太子、亲王等都要在几筵殿和孝陵祭祀。如在民间,百日会烧掉家中供奉的死者灵位,丧礼至此基本结束。

(9) 小祥。皇后去世一周年祭礼。皇帝辍朝三天,同时禁止京师奏乐、屠宰家畜。在灵谷寺、朝天宫设醮各三天。皇帝率皇太子以下赴几筵殿祭奠,百官穿素服到后右门进香,再行奉慰礼,命妇赴几筵殿进香行礼。皇太子、亲王除去首绖(麻做的丧帽),穿熟麻布的衣服,头戴九䌤练冠,皇孙戴七䌤练冠,皇帝及百官则穿戴素服、乌纱帽、乌犀带。皇妃、公主以下用熟麻布盖头,除去腰绖(麻做的丧带)。宗室男子和驸马除去首绖,头戴练冠,改服齐衰(次重的丧服)。换下的衣服由女官在几筵殿前烧掉。皇太子、亲王再赴孝陵行礼。

(10) 大祥。皇后死后两周年祭礼,将皇后神主牌位移放到奉先殿,增设坛台祭祀,撤除焚烧灵座帷幄等丧期陈设用品。在此之前,需斋戒,并告之太庙。百官陪祭,结束行奉慰礼。各地禁屠宰三日,停音乐三日。

《大明会典》及《明史》中的相关记录就到此为止了,《明太祖实录》还记载了禫祭马皇后,文武百官行奉慰礼,秦、晋、燕、周、楚、齐等诸王大祥前赴京,禫祭后返回各自藩国。禫祭于大祥之后一个月择吉日,遣亲王或官员至陵举行,这也标志历时27个月丧事的结束、正常生活的恢复。品官的话,禫祭之后才可以恢复正常工作,这就不难理解一心推行新政的张居正为何没有按制回家守丧。

《明朝小史》等野史还记载了一个逸闻:临近马皇后下葬的日子,风雨雷电交加,天气恶劣。朱元璋非常烦闷,召见高僧宗泐,令其念经做法事。宗泐领命即诵"雨降天垂泪,雷鸣地举哀,西方诸佛子,同送马如来"。朱元璋大悦,赐其白金百两。《蓠胜野闻》补充说,过一会儿便雨过天晴,灵车于是启动了。这编造的成分就大了。不过,佛教在丧事中地位的重要性却是不假,如诸藩王奔丧结束后,需选一名僧人返封国，为皇后修佛事。明清帝后普信佛教，如万历帝尸骸手执念珠，孝端皇后有"佛"字金簪，孝靖皇后覆盖"经被"，乾隆地宫中精美的佛教题材石刻等。佛教中"中阴（灵魂）七日转生""极于七七"的思想，对国人丧葬习俗至今仍有影响。

## 第二节　朱元璋遗诏及速葬之谜

　　皇帝丧礼首重遗诏，然后由礼部会同内阁、翰林院进行"部议"，两者结合制定方案，所以停灵时间、禁音乐、祭祀、婚嫁等时日不一。又因关系国家稳定，故特殊情况下会秘不发丧，如朱棣死于北征途中，仁宗死时太子朱瞻基不在京师等。至于流程，基本与皇后相同，也是初丧哭临、小殓和大殓、上尊谥、梓宫发引、入葬仪、葬后虞礼、小祥、大祥、禫礼等，但上尊谥和入葬仪等更为隆重繁复，比如大行皇帝的尊谥需要新君登基方可定，又多出了一套礼节仪式。嗣君为了表示孝亲，哀号拉住大升舆（类似灵车的运棺工具）的绳索，需由内官砍断绳索，扶止新君前行。皇后丧礼上自然不会有这些环节。当然，有加也有减，烦劳嗣君主持的内容则尽可能被替代，像之前朱元璋在几筵殿亲自主持八次虞祭，到隆庆初年规定，初虞至七虞都在返途中进行，八虞在城外进行，九虞才在城内进行，嗣君只亲自主持一次就可以了。

　　洪武三十一年（1398）五月乙酉，朱元璋崩于西宫，在位31年，享年71岁。《明太祖实录》载："遗命丧葬仪物一以俭素，不用金玉，孝陵山川因其故，无所改。天下臣民出临三日，皆释服，无妨嫁娶。""辛卯葬孝陵。"《明太祖实录》中的记录简略如此，无非朱棣一再删减的结果。《明史·太祖本纪》所录相对详细一些，但关于丧事部分也很简单："朕膺天命三十有一年，忧危积心，日勤不息，务有益于民。奈起自寒微，无古人之博知，好善恶恶，不及远矣。今得万物自然之理，其奚哀念之有。皇太孙允炆仁明孝友,天下归心,宜登大位。内外文武臣僚同心辅政,以安吾民。丧祭仪物,毋用金玉。孝陵山川因其故,毋改作。天下臣民,哭临三日,皆释服,毋妨嫁娶。诸王临国中,毋至京师。诸不在令中者,推此令从事。"

定陵地宫后殿帝后梓宫(明十三陵特区办提供)

《大明会典·高皇帝丧礼》中的记载最为详细,朱元璋遗诏:天下臣民服丧三日,之后嫁娶、饮酒皆无禁。不组织百姓进宫哭临,却有必要者,朝夕各哭十五声即可,非此时段,不得擅哭。治丧及哭临者,皆不必遵古礼脱鞋光脚,丧服的麻布带毋过三寸,不用战车兵器布置排场。诸王于封国哭临,不必赴京。内外管营军戍守官员,毋得擅离职守,允许遣使至京。藩王封国所在文武衙门官民军士,今后听从朝廷节制。王府护卫,王自分处。诸王不在令中者,皆以此令比类从事。

在京五府六部等衙门官员，闻丧次日换上素服、乌纱帽、黑角带，赴内府听宣遗诏毕，于本衙门斋宿，素服、朝夕诣几筵哭。各自准备孝服（即丧服），至第四日成服（穿上丧服），朝夕哭临，至葬毕而止。穿上丧服起，二十七日后除去。命妇亦于第四日各具孝服，由西华门入哭临，不许戴金银首饰。诸王、世子、郡王、王妃、郡王妃、郡主、内使、宫人等，俱服斩衰三年，自闻丧第四日成服开始，二十七个月而除（这里二十七个月即三年）。嗣君临朝视事，素服、乌纱帽、黑角带，退朝服衰服。官员穿麻布大袖圆领衫，戴不缉边麻布帽，系麻腰绖，穿麻鞋。命妇穿麻布大袖圆领长衫，以麻布盖头。冥器（随葬品）由工部及内府司设监等衙门，仿生前所用卤簿器物制造。神主用栗木，其制依《朱子家礼》。派遣使者捧遗诏至各布政司，以及直隶府州衙门宣读，各地大小衙门文武官员人等，诏书到日，换上素服、乌纱帽、黑角带，行四拜礼，跪听宣讫，举哀，再行四拜礼毕。各自准备孝服，第四日成服为始，每早率合属人等于本衙门向京师方向设香案，哭临三日而除。各地大小衙门派一名官员赴京致祭，所用香烛祭物由礼部备办。

明鲁荒王墓出土的仪仗俑

## 第八章 丧葬与祭祀

遗诏第一段要求丧事从简的具体内容,其实并非原创,而是出自《史记·孝文本纪》中汉文帝的遗诏。朱元璋丧事最大的特点是速葬,《明太祖实录》中说他五月乙酉(6月24日)驾崩,辛卯(6月30日)葬孝陵,从去世到下葬只有七天,臣民服丧三日,禁婚嫁三日。马皇后停灵一个半月,禁官员嫁娶百日,军民嫁娶一月。两相对照,作为开国皇帝朱元璋的丧礼确实显得太过匆忙。

所以,作为礼仪研究专家的清人徐乾学,对"七日而葬"还不大相信,他在《读礼通考》中说:"明代诸载纪,皆言太祖崩七日而葬,惟吴朴《龙飞纪略》:踰七月而葬。建文守礼之主,不应葬太祖若是之速,吴氏所纪是也。"

明人朱国祯则在《皇明大政记》中,对速葬解释道:"高皇帝之葬,《吾学编》明书:'辛卯皇太孙即位。是日,葬孝陵。'而他书多不敢及,疑之也。嫌其太速,事理有不尽然者。于是有六月初一之说。夫即位,必先告几筵,以明授受继体之正。建文即位,实在三十一年闰五月十六辛卯日,去高皇崩仅七日,即于是日完葬事。故燕王移檄,亦有此句,且指以为罪,则葬之的据甚明。而秘史云,葬在庚寅,是即位前一日。果尔,建文当受命于地下。而发引,各门下葬,并初虞致祭,不啻数坛,尚称皇太孙。宁有大葬无嗣皇帝主祭之理?故即位而葬,同日并举,皆高皇遗命,正以速葬削诸藩入临觊望之心。建文宁敢自为迟速?然自来葬速,未有如高皇者。忧深虑远,何所不至。"朱国祯这段话,首先肯定"七日而葬"的存在,朱允炆以皇太孙身份治丧,但安葬先帝必须由嗣君主持,故建文帝即位与高皇帝下葬同日并举,都出自朱元璋的遗命,为的是以速葬打消藩王觊觎皇位的野心,最后还不忘夸赞高皇帝"忧深虑远,何所不至"。

高皇帝为朱家江山永祚万代,考虑问题可谓殚精竭虑,却颇似《庄子·胠箧》讲的"为大盗守"的道理。为防备毛贼偷窃,又是用绳索扎紧箱子,又是加固插销、锁钥,各种措施都用上了,结果来了大盗,直接扛着箱子就走了,还省得打包加固了。这种格局和做法又有什么值得吹嘘的呢?

所谓"遗诏",很多时候是嗣君或者辅政大臣的想法,至于哪些是先帝的意思,哪些是夹带的私货,实际上很难说清楚。比如明代帝后丧礼直接来自宋,像《大明会典》中复古到抄汉文帝遗诏那段,朱元璋是说不出来的,极似方孝孺等人的风格。朱允炆被立为皇位继承人后,对手握重兵的诸位藩王便忧心忡忡,担心朱元璋百年后自己该如何制约这些叔叔。朱棣的檄文将"七日而葬""诸王毋至京师"列为"矫诏"也不全无道理,很可能这些都是建文帝或其近臣的主张。《明太宗实录》中,"阖宫自焚"的"建文君"尸体,八天(大概是不想给其"七日而葬"的待遇)后也被"礼葬"了(隐秘到葬哪里都没记),朱棣则"辍朝三日"象征性表示了一下。可见,害怕"夜长梦多"是嗣君的通病,尤其是得位不正或芒刺在背的时候,从速从简料理完先君后事才是当务之急。

## 第三节 朱元璋是否葬于孝陵?

民间传说中,朱元璋出殡时很是热闹,南京13个城门同时出棺材。其意指朱元璋生性多疑,加之生前杀戮过重,怕死后被人掘墓报复,于是仿效曹操造72疑冢的做法,让人不知他究竟葬身何处。其实,这种"摆迷魂阵"的说法明代即已有之,但不便公开传播。到清代则越传越离奇,越说越具体,赵执信《万岁殿》里甚至传说孝陵夜里有女人哭泣之声,因为马皇后独葬于此倍感孤独。全祖望则称世传朱元璋葬在"宫(朝天宫),不在陵"。另外,朱元璋的葬地还有说北京万岁山的、南京明故宫的。

有传闻就有反驳,晚清南京著名文人甘熙的观点较具代表性。他在《白下琐言》中说:"然(朱元璋)崩葬孝陵,见诸正史。以当时情事而论,相度地势,起造山陵,动帑数百万,经画十数年,岂第为马后而计?且建文仁孝,又安忍以太祖遗骸置诸渺不可知之域?群臣岂绝无目击其事者?万岁山在燕京,其时方以会葬不从,兴师靖难,焉有奉移梓宫不远数千里而往之事?赵(执信)说更不足信。或又云,太祖遗命。然身起田间,得统自正,纵猜忌与汉高等,而究非曹瞒奸窃之流,亦何庸效其伎俩为哉!千古之疑,可以决矣!"

应该说,甘熙的反驳非常有道理。朱元璋是否狡猾如曹操,文献有无其他葬处记载,这些暂且不表,单就朱元璋停灵七日而葬,显然不可能另造新陵,且灵柩千里迢迢运到朱棣所在的北京无疑天方夜谭。先在南京建好其他葬处的可能性有没有呢?可能性也不大。相风水、迁寺院,花费那么多人力物力时间建陵,再设神宫监、孝陵卫保护,难道只为马皇后一人吗?并且,多年来朝天宫、明故宫等区域的建设及考古发掘,均未发现过疑似的大型明代墓葬。

朝天宫航拍(1930年)

不过,孝陵"夜哭"倒也见之于史料,甚至是较为严谨的著述,如《崇祯长编》《烈皇小识》《明季北略》《明史纪事本末》《小腆纪年》等。时间是1644年3月14日左右(各家记载略有差异):"南京孝陵夜哭。三月初一日起,日色两旬无光。是夜风色阴惨,沙尘刮天。"(计六奇《明季北略》)几天后的3月19日拂晓,崇祯帝自缢于景山,明亡。对此,谈迁还是颇具唯物精神的,他在《枣林杂俎》中说:"孝陵夜哭,都人喧传。张貌山(张慎言)先生闻之叹曰:'虽讹言,亦其应也。'往钟山佳气郁葱勃萃,朝夕殊状,父老谓今日减色。"

## 第四节 太子朱标超高规格祭祀之谜

之前说过,朱标身后虽三获帝位,但这一支几乎被迫害殆尽。而奇怪的是,他却在享受着超规格的大祭(即用牛、羊、豕三牲,是为太牢)次数。能多到哪里去呢?这么说吧,明代皇帝朱元璋一年三大祭,十三陵各陵也是一年三大祭,懿文太子朱标东陵一年却要行九大祭,甚至在朱棣夺位之后依然如此。这巨大的反差,不仅今人觉得匪夷所思,明朝人都直呼"看不懂"。

顾起元《客座赘语》说:"孝陵,大祭一岁止三举,余惟行香。而东陵大祭者九。清卿刘公常言:'隆杀相悬,不知何故?'"有困惑的,还有打抱不平的。《明神宗实录》记载,万历四十四年(1616),南京太常寺少卿桂有根上奏:"孝陵,乃奉安我太祖之神,以开万世之鸿庥者,每岁元旦、清明、中元(七月半)、孟冬(立冬)、长至(夏至)、两忌辰及万寿圣节(皇帝诞辰),祭共八次。清明、元旦、长至三大祭,文物俱盛,无容议矣。其余祭礼五次,止用酒果。窃思太常为陵寝而设,每岁有额设供祭钱粮,乃一年经管祭九十余坛,各有牲帛品馔与应用祝版,独孝陵之五祭,竟无牲帛祝文陈告于陵寝之前。臣每监视祀品,心恻然弗宁。

## 第八章 丧葬与祭祀

且懿文太子陵殿,即在孝陵之旁,旧制一年十祭,九次用太牢。我成祖后,仅八祭,又五次不用祝告牲帛。是太祖当年以全礼爱其子,而今日尊奉祖宗之典,只以简约为之,如之何其能安耶?"这段文字信息非常丰富,首先说孝陵每年祭祀八次,三大五小,懿文太子陵旧制一年十祭,其中有九大祭,成祖后的陵也仅八祭,三大五小。接着猜测之所以如此,是太祖太爱长子朱标了,于是给了他超乎礼仪的祭祀待遇。而孝陵祭祀之简朴,令他每次看到祭品的对比,都会"心恻然弗宁",最后建议孝陵八次祭祀全改为大祭。大概看在"一切祭品本寺以岁入钱粮备办,不必加派"的方案上,万历皇帝批准了。

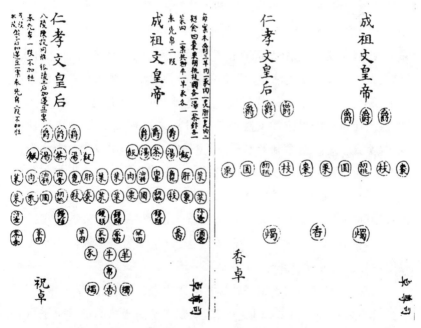

《太常续考》中长陵大祭帝后正案祭品陈设图(转引自胡汉生《明十三陵研究》)　　《太常续考》中长陵小祭帝后正案祭品陈设图(转引自胡汉生《明十三陵研究》)

其实，祭祀都是单数，八次、十次都不是严谨的说法。南京太常寺对孝陵的祭典应是七次，即清明、中元、冬至三节用太牢礼行大祭，而正旦、孟冬、忌辰、万寿圣节等四日用素祭果酒仅行香。懿文太子陵则是九次，即孟春（立春）、清明、孟夏（立夏）、忌辰、孟秋（立秋）、中元、孟冬、冬至和岁暮（农历年底）九节日，俱行大祭。孝陵忌辰指朱元璋的忌辰，八月初十日马皇后忌辰南京太常寺则安排行香小祀，捎带懿文太子一并享祭，所以各加了一次。当然，无论算不算这次，懿文太子陵享受的大祭次数远高于孝陵是个显而易见的事实。

个中原因，首先是"太祖以全礼爱其子说"，此后历代皆奉为祖训而沿袭，这也是最常见的说法。其次是"建文君初定与建文加隆"，即建文帝追谥其父时，将懿文太子陵祭典加隆至一年九大祭。不过此说漏洞太多，建文如此做无疑有违礼法，更不会为朱棣所容忍。再次，"懿文太子陵地近孝陵沾祭说"，但沾光的待遇超过被沾光者就说不过去了，况且朱棣也不会任其延续。从逻辑上说，"太祖爱子说"显然合理，故当代第一位提出懿文陵祭超标问题的王剑，即持此观点。他在《明懿文太子陵陵祭逾制考论》（《历史研究》2011年第6期）中从朱元璋对朱标的深爱，甚至为其违制服丧，以及后世不敢更改祖制等角度进行了阐释。但缺少直接证据的反推可能就不止一种原因了，笔者还曾看到过"朱棣心虚说"，其文也从靖难之役始，朱标一系被迫害殆尽的事实，推导出朱棣越是杀戮越是心虚，以至于为了追求内心平衡以及安慰兄长亡灵，故加隆懿文陵祭。

高寿仙《明懿文太子陵祭礼异常问题探微》[《北京大学学报（哲学社会科学版）》2015年第5期]一文，则在清初潘柽章的基础上进行了解释：懿文陵祭异常，乃是由政局剧变造成的。具体地说，建文年间，懿文太子被追尊为皇帝，升祭太庙，明成祖夺取皇位后，将其神主迁置于陵寝享殿，复称懿文皇太子，此后凡时享太庙，便同时在懿文陵举行祭祀，形成庙祭与陵祭融为一体的祭祀体系。另一方面，懿文陵主祭官员品秩较低,陵殿建筑也较卑隘,似乎也与其身份不相称。这是因为永乐以降,其他陵寝遣祭官员身份不断提高,亲王等人享殿规制也大有提升,懿文陵却长期保持不变,相应显得降低了。

1912年2月15日孙中山告祭明孝陵

## 第五节　妃嫔人殉之谜

人殉即用活人殉葬,这种风气在原始社会母系氏族制向父系氏族制过渡,或父系氏族确立时即已有之。殷商时期最为鼎盛,西周时渐趋衰落,但东周时齐鲁、楚、秦等区域仍很流行。从秦汉至明清时期,大多数时间人殉也未绝迹,而是呈波浪状起伏不定,秦、西汉盛极而衰,东汉、魏晋南北朝有所回潮,隋唐又趋衰微,宋元明清再度复活蔓延。

洪武二十八年（1395）三月，朱元璋次子朱樉去世，以王妃殉葬。朱元璋不仅不以为意，甚至堂而皇之将之作为祖制延续。据《大明会典》记载："孝陵（明太祖）四十妃嫔，惟二妃葬陵之东西，余俱从葬；长陵（明成祖）十六妃，俱从葬；献陵（明仁宗）七妃，三葬金山，余俱从葬；景陵（明宣宗）八妃，一葬金山，余俱从葬。"明景帝朱祁钰被废后，以郕王身份葬于北京金山，仍以人殉。好在明英宗以身作则，终止了这种灭绝人性的祖制。

**北京董四墓村明代妃嫔墓出土的金簪**

关于殉葬方式，明代官方史料多为"自经（上吊）"，偶尔也有"不食死（绝食）"，以简单几字遮掩背后的血腥与残酷。《朝鲜李朝实录》记录了妃嫔为成祖殉葬的情形："及帝之崩，宫人殉葬者三十余人。当死之日，皆饷之于庭，饷缀，俱引升堂，哭声震殿阁。堂上置小木床，使立其上，挂绳围于其上，以头纳其中。遂去其床，皆雉颈而死。韩氏临死，顾谓金黑曰：'娘，吾去！娘，吾去！……'语未竟，旁有宦者去床，乃与崔氏俱死。诸死者之初升堂也，仁宗亲入辞诀。"可见，为达到多人同时殉葬的目的，逼着"自缢"是最便捷的处理方式，嗣君则亲临现场诀别。

殉葬者本人（追赠）及家属也会得到相应的品级及物质封赠，如《明史·后妃传》记载："初，太祖崩，宫人多从死者。建文、永乐时，相继优恤。若张凤、李衡、赵福、张璧、汪宾诸家，皆自锦衣卫所试百户、散骑带刀舍人进千百户，带俸世袭，人谓之'太祖朝天女户'。"

## 第八章　丧葬与祭祀

关于明初殉葬人数，即使博闻如王世贞，在《弇山堂别集》中也感叹资料缺乏："未有能考累朝从殉之人与事者。"清毛奇龄《胜朝彤史拾遗记》记："太祖以四十六妃陪葬孝陵，其中所殉难宫人十数人。"《李朝实录》说为成祖殉葬者三十余人。这些都与《大明会典》的记载不符，可能《大明会典》只计了妃嫔身份者，之下宫女之类就不算了。

朱元璋为何对殉葬青睐有加？著述大多推测，一是为朱家江山的世代相传，杜绝后宫干政的可能。不过，这在藩王王妃殉葬上就难以说通了。更重要的是，仁宗张皇后、宣宗孙皇后都没有，也不必殉葬。二是程朱理学"饿死事小，失节事大"思想的倡导与强化，导致女子为夫尽节。程朱理学从确立、宣扬，到形成巨大社会影响需要一个过程，明初那二三十年恐怕还达不到那个程度。所以笔者更愿意相信，经历过灭门瘟疫、底层流浪及残酷战乱的朱元璋，他眼中的生命如同草芥，女人更如同物品，作为陪葬品为夫殉节并无不妥。

最后说下明英宗废止殉葬。"土木之变"让英宗从大明王朝最尊贵的天子跌落为最多余的人，继而"南宫复辟"再成为"九五至尊"，过山车般的人生境遇让他比起那些"以天下奉一人"的帝王们，多了份对命运无奈者的理解与同情，也更多了些人性与人情。还有种说法，英宗对皇后钱氏感情极深，不忍让其殉葬，这就有点想当然了。的确，钱皇后在英宗被俘期间，不仅倾宫中所有全力营救，还日哭夜哭哭坏了一只眼睛，摔坏了一条腿。英宗回朝被幽禁时，钱皇后还得通过做女红换钱以补贴生活。除了被废的，钱皇后大概是有明一朝生活得最悲惨的皇后了。所以英宗临终遗言："钱皇后千秋万岁后，与朕同葬。"但感情与殉葬之间不具关联性，所谓"殉"，隐含着以卑殉尊、以小殉大之意，英宗之前殉葬，最多只到妃嫔一级，妃嫔很多还是追赠的，没有皇后殉葬的先例。不仅如此，高品级的贵妃、出自勋贵之家的、生育过子女的，只需满足其一，都是不用殉葬的，这也算是明初"例不当殉"的三原则吧。

定陵西配殿(明十三陵特区办提供)

第八章 丧葬与祭祀

## 第六节 朱棣生母之谜

**AI(人工智能)复原朱棣像**

《明太祖实录》《明太宗实录》《天潢玉牒》《明史》等正史都说朱棣为马皇后所生,但这说法早在明朝中后期时就受到了质疑,因为《南京太常寺志》明确记载朱棣生母为朱元璋的碩妃。如万历时期文人何乔远说:"臣于南京见《太常寺志》,云帝(朱棣)为碩妃所生,而《玉牒》则为高后第四子。《玉牒》出当日史臣所纂,既无可疑。南(京)太常职掌相沿,又未知其据。臣谨备载之,以俟后人博考。"

之前提到的明末李清,也是看到《南京太常寺志》后将信将疑,他时任南明弘光朝大理寺左丞,钱谦益任礼部尚书,两人利用职务之便,于元旦祭祀时打开享殿,结果证实碩妃独享西侧供奉的传言。张岱《陶庵梦忆》也明确记载:"(享殿暖阁)近阁前一座,稍前为碩妃,是成祖生母。成祖生,孝慈皇后为己子,事甚秘。再下东西列四十六席……"谈迁《国榷》直接说："成祖启天弘道高明肇运圣武神功纯仁至孝文皇帝，御讳棣，太祖高皇帝第四子也。母硕妃。《玉牒》云，高皇后第四子，盖史臣因帝自称嫡，沿之耳。今《南（京）太常寺志》载孝陵祔享硕妃穆位第一，可据也。"

长陵祾恩殿内景（明十三陵特区办提供）

太常寺是明朝掌管祭祀礼乐的官方机构，这样严肃的问题不可能胡编乱造，之所以与正史相异，清初潘柽章《国史异考》中分析："成祖果为硕妃子，则国史、《玉牒》何以讳言之？吾知成祖于此有大不得已者存焉。方靖难师起，即已自名嫡子传檄中外矣，及入继大统，何敢复顾私恩以忘高皇后均养之德与孝康一体之情，故于奉先殿则阙之，于陵殿则祀之，此亦恩义之不相掩者也。呜呼，其与光武不考南顿君之意何以异哉？"

也就是说，朱棣有不得已的苦衷。靖难起兵时，他自称嫡子传檄中外，入继帝位后，又怎敢因私恩而负高皇后养育之恩？更何况，若公开承认庶出身份，皇位继承的合法性就会大打折扣。为坐稳帝位，他只能在常人不能启视的孝陵享殿中供奉祭祀生母。另外，朱棣在南京建大报恩寺,名义上报答马皇后的养育之恩,但寺中正殿大门常年紧闭,传闻里面供奉的也是生母碽妃。

大报恩寺彩釉白象琉璃砖　　大报恩寺彩釉狮纹琉璃砖　　大报恩寺彩釉飞羊琉璃砖

朱元璋后妃的史料,仅有皇后马氏、孙贵妃、李淑妃、郭宁妃四人,而无碽妃,不排除是朱棣人为清除的结果。李晋华在《明成祖生母问题汇证》中曾做过详细考证,认为碽妃实有其人,朱棣确为其所生,史料中的"碽妃、汪妃、江妃、甕妃"可能是音传不同,实为一人。那么,碽妃到底是何许人也?常见说法她是高丽妃[李氏朝鲜(1392—1910)前身,上下文朝鲜均指李氏朝鲜],也有人认为她是元顺帝妃,更有说高丽妃即元顺帝妃。传说洪武元年(1368),徐达攻陷大都,俘获元朝皇室人员逾千。被押回南京后,朱元璋看中了元顺帝妃的美色,遂纳为妃。以此传说为基础,进一步衍生出成祖是元顺帝遗腹子的离奇故事。而朱棣生于1360年,遗腹子之说实不值一驳。另外,还有因朱棣早产,生母被朱元璋怀疑不贞,遭酷刑虐杀而死的传闻,而不同角度史料都证明周王是朱棣同母胞弟,这种传闻也属无稽之谈。

之所以传说碽妃是高丽人,大概源于成祖朝对朝鲜选妃的偏爱。其实,选妃于朝鲜源于元向高丽索取童女作为藩属国贡品的旧例,洪武时期与朝鲜没有建立正常宗藩关系,故朱元璋的高丽妃子确实来自元宫。《朝鲜李朝实录》则展现了明朝正史缺失的另一面:朱棣于永乐六年(1408)、永乐七年(1409)、永乐十五年(1417)三次遣宦官去朝鲜挑选女子。朱棣为避朝臣,多以"药材""纯白厚纸"为代号,令朝鲜选贡少女。有位权妃最得宠爱,永乐八年(1410)随朱棣北征,回师后死于山东临城。三年后有人揭发权妃死于宫斗,是被同来自朝鲜的美人吕氏毒死,于是掀起一场腥风血雨,吕氏被凌迟处死,其宫人被尽戮,甚至吕氏的朝鲜亲属也被囚禁待罪。(陈学霖《海寿——永乐朝一位朝鲜籍宦官》)之前材料中殉葬的韩氏、崔氏,也都是朱棣的朝鲜妃子。

综合各家史料与相关研究:朱棣的生母为碽妃,周王朱橚与之一母同胞。可能由于碽妃去世较早,朱棣便由马皇后抚育,这也为其称嫡提供了便利。周王由孙贵妃抚养长大。关于碽妃的资料缺失,国别或民族无从证实,高丽人猜测源于朱棣对朝鲜妃嫔的喜爱。《明实录》《天潢玉牒》等嫡出记载主要是出于政治原因。

《南京太常寺志》及孝陵享殿供奉等,无疑为解开朱棣生母之谜留下了一个口子。志在天下的雄才大略者,感念生母之举是否又是惺惺作态呢?张海英《明孝陵文化的历史底蕴——从明成祖朱棣生母之谜谈起》讲述了这样一个细节:朝鲜使臣权近《奉使录》记载,洪武二十二年(1389),权近一行曾至北平拜谒燕王,"到燕台驿,进见燕府。先诣典仪所。所官入启,以是日先太后忌日,不受礼。命奉嗣叶鸿伴接到馆。七月十五日也。"张海英认为,燕王以"先太后(母亲)"忌日而不受礼,而马皇后忌日在八月初十,七月十五日显然是朱棣生母的忌日了。由此看来,洪武二十二年,还不存在嫡庶之差别问题,故燕王即使对外邦也不遮掩其庶出身份。而坐拥天下后,却不能公开的、光明正大的认母之苦楚,恐怕也只有朱棣自己去体会了。

不过,"七月十五"这个特殊日子却让材料的说服力大打折扣,《明太祖实录》(卷一百五十五)洪武十六年(1383)七月十五,也有"中元节,祭孝慈皇后于几筵殿"的记载。话说回来,《南京太常寺志》的记载是朱棣故意留之,还是删除生母记载时的漏网之鱼呢?

# 第七节　神秘的地下宫殿结构之谜

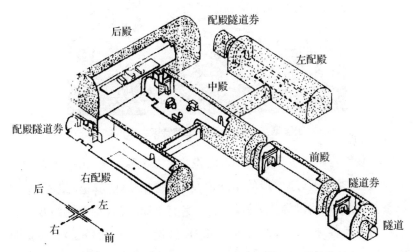

定陵地宫结构透视图（引自胡汉生《明定陵玄宫制度考》）

地宫又称玄宫、玄寝，是墓主棺椁所在，也是帝王陵寝的最核心、最神秘的部分。地宫在陵寝建筑中最先建造，完工即可称"陵成"。但明代相关文献极度缺乏，偶有零星提及，也是只言片语，难知其全貌。迄今为止，明代帝陵地宫最完整、最可靠的实物样本，非1956年发掘的明十三陵定陵莫属，这也是唯一一座发掘过的明代帝陵。本节就以定陵地宫为例，看看里面结构是什么样的。

定陵以及已发现的明代藩王地宫，最高等级都是以石材修建的地下殿宇式建筑，孝陵也不会例外。石材模仿木结构宫殿，雕琢出脊、枋、梁、檐、瓦、吻兽、额枋等装饰，除了门额无字，一应俱全。殿顶则覆盖琉璃瓦、屋檐、屋脊、鸱吻、脊兽等，如同地上宫殿。

定陵地宫中殿门（明十三陵特区办提供）

定陵地宫距离宝顶约 31 米，面积约 1 195 平方米，由前后左右中五座殿、三条隧道（通前殿的主隧道及通左右配殿的隧道）组成，全部以条石砌筑，双曲拱券式无梁柱结构，另有七座石门（每殿一门及左右配殿通中殿各有一门），地面（除后殿外）铺设边长约 0.668 米（应是明制二尺）金砖（即细料方砖）。

前殿为纵长方形，顶高约 7.2 米，面宽约 6 米，进深约 20 米，殿内空无一物。中殿亦为纵长方形，顶高与面宽同前殿，唯进深约 32 米，此殿与其余四殿相通，为五殿枢纽。室内后部陈设一帝两后的御座、五供和长明灯。御座用汉白玉雕成，帝座雕龙，后座刻凤，应该仿其生前所用。今天故宫陈列的御座为清代制品，故此御座最具明代原真性。三个御座原近似品字形排列，皇帝居中靠后，两后分列两旁，为方便游客通行，改为前后纵向排列。明孝陵想必也有御座，不知一帝一后的情况下是并列，还是前后排呢？各御座前均供奉有五供一套，还是一香炉、两烛台、两花瓶，不过花瓶是由黄色琉璃烧制，而非石头雕刻而成。长明灯又称万年灯，为青花云龙大瓷缸，高与口径均为 0.7 米，缸内储油，油面有铜圆漂及灯芯。

## 第八章 丧葬与祭祀

**地宫中殿原状**

左右配殿呈纵长方形对称分布，顶高约 7.4 米，面宽约 26 米，进深约 7 米，唯各设汉白玉须弥座镶边棺床一座，棺床长约 17.4 米，宽约 3.7 米，高约 0.4 米，殉葬妃嫔应该就安放在这里，因自英宗废止故空置。

后殿亦称皇堂，也是五殿中唯一的横长方形，规模与等级都高于其余四殿。其顶高约 9.5 米，面宽约 30.1 米，进深约 9.1 米，地面铺边长约 0.81 米（应是明制二尺五）正方形花斑石石板，居中靠后设棺床一座，尺寸与配殿基本相同，汉白玉镶边。棺床铺设与地面相同的花斑石。棺床上摆放着帝后的棺椁、随葬器物箱以及随葬品，万历帝棺椁居中，孝端、孝靖皇后分置左右。

明定陵地宫为什么要采取这样的五殿结构呢？胡汉生认为是仿"九重法宫"而建，"九重法宫"即皇帝所居的内廷。玄宫的前、中、后三殿，对应后宫中的乾清宫、交泰殿、坤宁宫，左右配殿则相当于东西六宫。不过，刘毅《明代帝王陵墓制度研究》一书认为，"九重法宫"是明成祖长陵的地宫布局，万历定陵与嘉靖永陵相同，五殿是其基础上的简化版，明代地宫可能存在九室、七室、五室、三室等不同形制。

## 探谜明孝陵

20世纪80年代,中科院地球物理研究所使用微重力测量方法对明宪宗茂陵进行探测,得出地宫也是由前中后左右五殿组成的结论。自1997年起,南京相关部门也曾对明孝陵进行考古勘探和研究,并应用当时的精密磁测技术、GPS定位等高科技手段,所得结论为:"孝陵地宫建筑面积4 000多平方米,几乎是定陵地宫面积的三倍。明楼东侧的宝城城墙之下,有一条宽5~6米、长度达120米的隧道直通宝顶中心,推测应该是地宫墓道,即地下宫殿的入口。这座地下宫殿保存完好,排除了地宫被盗传说。"至于4 000多平方米结构如何,则未见披露。如果刘毅之说成立,明孝陵地宫则更可能为九殿,而非定陵五殿结构。

发掘清理过的清代帝陵地宫有两座,分别是乾隆的裕陵和光绪的崇陵。裕陵为拱券式石构建筑,由九个券洞和四道石门组成,主体为前、中、后三殿,通长约54米,总面积约372平方米。崇陵与之结构类似,通长约64米,总面积约350平方米。又根据"样式雷"图档等材料分析,除了改建的道光慕陵为单室,从乾隆到光绪均为九券四门串联的三殿结构,与明代五殿结构相比,取消了左右配殿,大幅度缩减了进深,略微加宽了前殿、中殿。这种改变很可能始于明代营建的最后两座

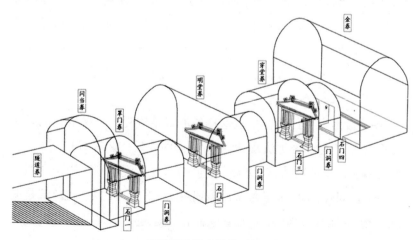

乾隆裕陵地宫结构透视图

帝陵("一月天子"朱常洛的庆陵、"木匠皇帝"朱由校的德陵,崇祯殁入田妃墓不计),原因一是取消殉葬后左右配殿虚设无实际意义,二是皇帝在位时间太短,尚未建陵就去世了,为赶工期缩减项目也属正常。清代关内帝陵所借鉴的大概就是晚明的这两座了。

特别值得一说,而又难以看到的是,定陵地宫后殿万历帝椁下的棺床上,留有一个0.4米×0.2米(此数据源于中国社会科学院考古研究所等编《定陵》)的方孔,此即"金井",也就是相地所谓的"点穴"处,按《葬书》讲法,可使枯骨通生气,其神秘性及重要性不言而喻。明代关于金井的材料缺乏,《定陵》《明十三陵研究》等除了叙述内实黄土,未作进一步说明。清代关于金井的材料较为丰富,可供参考借鉴。

清代金井为竖向圆孔,直径五寸(崇陵实测0.14米),深不足两尺(崇陵实测0.43米)。选择时对风水、景观、地质等条件要求苛刻,有"三年求地,十年定穴"之语。定好位置后挖掘的探井即金井,挖掘深度取决于下部地质情况,不过清代挖掘深度偏于保守,不超过10米。金井后部、两侧也会开挖探井,多点取样以供综合参考。适宜建造陵墓的,称为"有穴",是为"吉地",反之则"无穴"。当然,因为外部条件及地质情况不同,吉地也有上中下之分。卜选结果要呈文绘图上奏,皇帝钦定的帝后陵址称"万年吉地",妃嫔及其他皇室成员的墓址则称"福地",再选好良辰吉日,祭告完神祇便可开工了。

金井挖掘到底部会在原土层留一个土墩,下部覆斗状,上部圆柱形,称为金井吉土。地宫地面及棺床铺砌都要给吉土留出位置,使其可直抵棺椁底部。因此,吉土标高决定了地宫的深浅,也决定了其他建筑的相对高度。吉土如此重要,必须严密保护。首先搭建覆盖地宫大槽(基槽)范围的大罩棚,使其不见日月星三光,避免风雨与日晒。大槽挖掘施工中,要搭两层架子围席保护吉土。大槽挖好,拆除架子后,再搭建内外两层罩棚,以防土壤冻融。地宫建成、入葬之前,还要加盖保护,盖有三层,先是圆柱形石盖,再是正方形石盖,最后是最外面斛形木箱。大葬时方可取盖。另外,早在破土开穴时,即取半斤左右的土装于黄绫布中,大葬时由皇族王公捧此土放回金井,再将棺椁安置其上,底部压住金井。

**营建中的光绪崇陵**

明代关于金井的相关研究极少,定陵地宫后殿只有皇帝棺椁下一处金井,究竟是惯例,还是特例,仍是未解之谜。有观点认为:明初一帝一后,故设两处金井。因为那位可怜的钱皇后和宪宗生母周皇后都要与英宗合葬,于是英宗死后建陵寝时,大臣便建议设三处金井,以便日后"两全其美"。但宪宗以祖制不能轻易改动为由交廷议,结果因太监夏时阻挠而作罢。成化四年(1468),受尽磨难年仅43岁的钱皇后过世了。周皇后为使自己的遗体将来占据后殿金井独伴英宗,遂指使内官将钱皇后置于地宫左配殿,还阻塞了左配殿与地宫的通道,因此钱皇后也成为明代唯一葬入配殿的皇后。(胡汉生《明定陵玄宫制度考》,《故宫博物院院刊》1989年第4期)

这出围绕金井上演的生死"宫斗剧"固然精彩,但皇堂是否存在设两处金井的惯例仍令人怀疑。万历的情况与英宗类似,同葬的有无嗣原配王氏(孝端皇后),以及长子(光宗)朱常洛不受待见的生母恭妃王氏(后被追封为孝靖皇太后),为什么只设了一处金井呢?当然可以用避免"你有我无"的争斗来解释,但从逻辑上来说,同样改动祖制,设一处哪如设三处令生母也享有尊荣来得皆大欢喜？胡汉生所引材料出自傅维麟《明书》和《明史·后妃传》，前者原文"玄堂宜从权作三位"，后者原文"请营三圹"，都没有明言请开三处金井。"三位""三圹"，以及宪宗说"但祖宗来制度只双穴"，指的应该是后殿棺床上放置的棺椁，群臣所请也是将棺床设计成三位，与金井无关。祖制是后殿棺床只奉安一帝一后，只有皇帝独享金井。不过，违背英宗遗愿，将钱皇后独葬于左配殿是毫无疑问的。从生至死享有至尊皇后头衔，生前却饱尝艰辛苦楚，死后仍备受委屈不公，除了钱皇后，大概也没谁了。

东西配殿犹如东西二宫，为殉葬妃嫔所设，棺床正中也各有一处金井，不过无论人数多寡只能"共享"了。另外，废止殉葬后，不会再将以后过世的妃嫔葬入左右配殿，因为开启地宫恐泄山川"灵气"。但定陵这样三位同时落葬的情况也属偶然，开启地宫合葬才是常态，而够资格开启地宫的，只有皇帝皇后或做过皇后的皇太后、太皇太后，以及嗣皇帝生母。

金井作为死后"接地气"的地方，帝后自然非常重视，会将珠宝玉器，爱物首饰等投入金井，称之"息壤"。慈禧曾亲至清东陵菩陀峪陵址查看，投入珍珠手串以示息壤，之后又多次派大臣安放金玉宝器。不过，这些珍宝最后都不翼而飞，看来盗墓者不是行家里手，便是不放过任何一处的极恶之徒。相比之下，光绪崇陵于 1938 年被盗，1980 年仍在地宫金井中清理出金、银、珐琅壳怀表、玉石、翡翠、珍珠、铁球等 160 件，以及黄绫布包裹的半斤吉土。另外说下，清代帝后分葬，一座地宫一处金井，甚至妃子园寝也有自己单独的金井，但井内物品就要逊色多了。

## 第八节　皇帝皇后都有哪些随葬品？

人们对帝陵最好奇的莫过于都随葬了多少奇珍异宝，又有哪些是前所未见、闻所未闻的，始于 1956 年 5 月的定陵考古则为我们揭晓了这一切。历时 26 个月的定陵发掘清理，共出土文物 2 648 件(套)。其中有衣冠及匹料 644 件(匹)、佩饰 67 件、首饰 248 件、梳妆用具 23 件、金器 289 件、银器 271 件、铜器 65 件(内 60 件为明器)、锡明器 370 件、瓷器 16 件、琉璃釉陶器 15 件、玉器 51 件、漆器 84 件、木俑 305 件、武器仪仗 77 件、谥册 7 份、谥宝 4 方、墓志 1 方，以及已损坏的木质明器家具若干。这么多文物逐一介绍既没篇幅也无必要，择其大类略说一二。

先说棺椁，是因为最为珍贵的陪葬品，或墓主生前所爱，一般都随之放置于棺内。定陵帝后皆为一棺一椁，也称"重棺"。东汉许慎《说文》中说："棺，关也，所以掩尸。""椁"简化说来即棺外之棺。唐代以后，重棺一般算是最高等级了。万历帝内棺为楠木，整板榫卯插合，钉以铁钉，内外刷朱漆，无纹饰。外棺为松木，用多块板拼接，榫卯插合，钉以铁钉，内外施朱漆，无纹饰，板面粗糙，似未经加工而直接上漆，漆面亦薄而无光泽。外棺内侧原有织锦为衬里。孝端皇后内棺为楠木材质，内外朱漆无纹饰，棺盖为两板拼接而成，余同万历。孝靖皇后内棺为松木质，内外朱漆无纹饰。两后外棺之制同万历，不过内、外棺尺寸都要小一些。再结合其他明代王陵出土材料大致可知，内楠木、外松木的重棺是明代帝王陵棺制的最高等级，棺以素朱色最为尊贵。尺寸越大者能装下的随葬品越多，等级也就越高，如万历内棺长约 3.34 米，两位皇后内棺长约 2.76 米，明代中后期藩王内棺一般比皇后的还要短半米左右。

定陵出土的绚丽多彩的服饰衣物达 300 余件，既有皇帝大典时穿的衮服，上朝时穿的龙袍，也有作为常服的绛纱袍、大袖衬道袍，以及皇后穿的单、夹、绵各式女上衣和裙、鞋、袜等。对照文献相关记载，大典礼服大体与制度相符，日常服饰多有变革之处，更多显现出舒适与奢华的特点。

衮服是天子出席大典时的礼服，绣日、月、星辰、山、龙、华虫、宗彝、藻、火、粉米、黼、黻十二章纹样，象征皇帝集美德与权力于一身。衮服织造即颇具仪式感，先由钦天监择日，再由礼部题请，遣大臣祭告,方可开工。其图案设计、制作工艺自然精益求精,故耗时漫长,如定陵衮服相关时间信息显示,从织造到入库长达12年。定陵博物馆曾委托苏州刺绣研究所复制一件缂丝衮服,用工达3 600个。在位时间短的皇帝,怕是都等不到自己的定制款。

缂丝十二章衮服(复制品)

龙袍是人们最熟悉的皇帝装束,定陵出土的龙袍达60余件,有单袍和夹袍之分。面料以绸面最多,其次为缎面、罗面和纱面,纹饰有四团龙补、八团龙补、二团龙补、二方补和龙云肩通袖等多种,主要以刺绣或缂丝制成;还有53件"织成料"。所谓"织成料",是在一匹料上织上袍服的不同部位。一匹即一件,做龙袍时,只要将各部分剪下,拼接缝制即可,省时省力还节约材料。如有一件织金妆花龙袍料,料长约12.26米,宽约0.663米,上面织有前后襟肩通袖、下摆两侧接片、大襟、龙领、衬摆、接袖等12部位。

两位皇后随葬的有单衣、夹衣和丝绵袄等共计130余件。绝大部分前胸和后背缝有方形补子,前胸左、右襟各一块,后背正中饰一块,补子呈梯形。方补多为绣制,少数为缂丝制成。纹样有云龙纹、龙凤纹、凤纹、花卉纹以及吉语文字等，特别是大量金线的使用，使纹样更显尊贵豪奢。用料以绸缎和各类妆花织物居多，绫、罗、纱次之。孝靖皇后的刺绣百子衣和童子戏花夹衣，以及孝端皇后的织金妆花玉女献寿女衣，是珍品中的珍品。自古女人爱裙装，两位皇后随葬的女裙有47条，面料有绢、绸、纱、罗、缎、妆花缎、妆花绸等，式样有两片裙和类似百褶裙的大褶裙两种，颜色以红、黄、绿三种居多。

**刺绣百子衣（复制品）**

定陵最具代表性的出土文物，当属帝后的冠帽。万历皇帝的冠有出席大典的十二旒冕冠，礼仪场合所戴的皮弁，以及日常用的翼善冠。翼善冠共有三顶，出土时万历尸骸头戴乌纱翼善冠，另有一顶金冠和一顶乌纱冠独立装在圆形冠盒内，置于棺内头部一侧。乌纱翼善冠，直径19厘米，通高23.5厘米。以细竹丝编结成六角形网格状纹作胎，髹以黑漆，内衬红素绢，面敷黑纱。后山前面嵌有以金垒丝编结制成的二龙戏珠，后面插有圆翅形金折角两个。每条金龙上还嵌有宝石14块，珍珠5颗。金冠形制与乌纱冠相同，但全部以金丝制成。前屋518根0.2毫米金丝编成的花纹犹如罗纱，后山嵌以二龙戏珠，龙身外侧以粗金丝为骨，采用传统的掐丝、垒丝、码丝等方法焊接，形成漏孔鳞状，呈高浮雕式，龙首、爪、鳞则为打制錾刻而成。更令人赞叹的是，集中各种复杂工艺的金冠，却丝毫不见接头、焊口等加工痕迹。

## 第八章　丧葬与祭祀

**金翼善冠**

两位皇后随葬品中有四顶凤冠,造型巧妙,制作精美。冠为漆竹胎,金口圈,冠上嵌饰金龙、翠凤,龙姿态各异,凤作展翅飞翔状,龙凤均口衔珠宝串饰。龙凤之间嵌饰的大珠花,均以红蓝宝石和串珠组成,另有翠云、翠叶及珠花相衬托,每顶凤冠的龙凤数目及所饰宝石和珍珠不尽相同。最多者一顶是孝端皇后的六龙三凤冠,嵌宝石128块,珍珠5 449颗。虽然珠光宝气,光彩夺目,但绚丽却不失和谐,庄重而不流于呆板。

凤冠霞帔作为固定搭配,两位皇后随葬箱中,也各有一件。帔作带形,有左右两条。面为红色织金纻丝织成料,两边织金线,中间织云霞和龙纹。带上缀有珍珠梅花形金饰,梅花用金片剪成,正面以花丝圈成梅瓣,瓣内铺翠,花心以铜丝穿系珍珠一颗,然后以合股丝线钉在帔带上。每条带上钉梅花形金饰53排,共计206个,全帔共用412个。

定陵冠带佩饰则有玉革带、玉带钩、玉佩、玉圭等。革带是由两层黄色或红色素缎内夹一层皮革缝制而成的,其上缀连有玉或金、银饰件，也是身份等级的标志。定陵出土玉带 10 条，还有两条堪称稀世珍宝的"大碌带"和"宝带"。大碌带上缀连的 20 块饰件，均以扁金制成缠枝花形金托，每一饰件中心镶嵌祖母绿一颗，四周嵌以石榴子红宝石及珍珠。宝带上缀连的 20 块饰件，均以花丝制成精美的"八宝"形及万形金托，全带共用红、黄、蓝、绿宝石 130 多块。万历帝棺内还随葬有雕有龙头的玉、玛瑙、镶金嵌珠宝木带钩 5 件。

玉佩是冠服中不可或缺的部分，系于革带左右，行则发出清脆悦耳的叮当声，君臣上下，都会佩戴，如明孝陵石像生亦有刻画，不过等级不同，形制与玉料质地也有所差别。定陵玉佩均装于丝线缝口的黄色纱袋内，只有佩钩露于袋外。《万历野获编》说，嘉靖皇帝上朝时曾与捧宝的尚宝寺卿谢敏行靠得过近，结果两人的玉佩纠缠在一起，最后由太监解开。因此诏令除祭天外，官员的玉佩需装入袋中以防勾结。另外，还出土有玉圭 8 件，两位皇后各有 1 件，应为冠服所配套。

定陵出土金器 289 件。多数出自帝后棺内尸体上下及两侧，少数放在随葬器物箱内。其中万历 133 件，孝端 130 件，孝靖 6 件，随葬箱内 20 件。计有酒注、爵、尊、执壶、壶瓶、匙箸瓶、提梁罐、带柄罐、盆、盒、漱盂、唾壶、盘、镶花梨木金碗、杯、盏、香薰、肥皂盒、匙、箸、枕顶、金锭、金饼以及"吉祥如意"和"消灾延寿"金钱等 25 种。部分金器边缘有磕碰、底部有磨损，据此分析，应是宫廷实用的生活用具，在主人死后随之陪葬。

银器共 271 件。计有尊、把壶、提梁罐、盆、漱盂、盘、碗、勺、肥皂盒、器盖、银锭、银饼和鎏金银钱等 13 种，其中属于生活用具的前 10 种均出自孝靖皇后棺内。银器大都锈蚀严重，个别破损，应是最初以贵妃身份下葬时的随葬品，可见其当日之境遇。

玉器共 51 件。计有金托玉爵、金托玉执壶、盆、花丝镂空金盒玉盂、金托金盖玉碗、鎏金银托双耳玉杯、玉皂盒、璧、礼器、玉坠、八角形玉饰件、玉料等。主要玉器出自万历帝棺内头部两侧，少数在随葬箱

## 第八章 丧葬与祭祀

中。在三具椁顶东端各放置玉璧二件，周围则放置一些未加工的玉料。经鉴定，主要玉器均为新疆和田玉。

金托玉爵是玉器的代表作。爵是小型酒器，玉爵承袭古制，在玉料上巧妙设计出流、尾、柱、鋬、足等要素，尤其是腹部把手"鋬"，匠心独运透雕成一条灵动十足，探头似乎正要品尝玉液琼浆的龙，龙腹与爵壁之间空隙，恰好容一指插入便于把持。下部金托锤打出二龙戏珠、海水江崖、云纹等纹饰，正中墩形柱为重叠山峦图案，柱上有三孔，玉爵三足刚好置于其中，金托还嵌有红、蓝宝石共26块。

**金托玉爵**

出土首饰共248件。其中簪占绝大多数，达199件，还有钗、耳坠、耳勺、金环等。簪的质料有金、银、铜、琥珀、玳瑁、玉、木等，绝大多数顶部有华丽多彩的装饰，半数以上成对。簪的制作，包括打制、雕刻、累丝、琢玉、镶嵌、焊接等多道工艺过程。簪顶装饰多为立体造型，精巧华丽，花样款式丰富多样，用以配合年节时令与不同场合。又有金耳环上的玉兔耳坠装饰，取材于"玉兔捣药"的神话传说，不仅造型惟妙惟肖，还巧妙配上红宝石做兔眼点缀，是难得的艺术珍品。

**金环玉兔耳坠**

明器也写作"冥器",是专门制作用于为死者殉葬的器物。因不具有实用性,故微缩其形,制作粗率,哪怕天子所用也有"糊鬼"之嫌。定陵明器器型主要有器用模型和俑两大类,器用模型包括日用器皿、家具房屋、仪仗用器,材质多为锡、铜、陶、木。《大明会典》记载朱元璋丧礼中有"冥器行移工部及内府司设监等衙门成造,照依生存所用卤簿器物名件"。明朝皇帝卤簿由车辂、旗帜、盖、幢、幡、伞、扇、刀、枪、乐器、仪象、仗马及诸执事等组成,这在定陵中多有反映。另外,还出土有金铜水罐、水盆、唾盂、唾壶、香盒、香炉、交椅、脚踏、锡罐、印池、宝匣等明器。帝后三具外棺上还有腐朽倒塌的朱漆木质仪仗架多个,架上插矛、戟、钺、立瓜、卧瓜、剑、朝天镫等仪仗。在孝端皇后外棺北侧的宝床上还有木质车、轿明器各一件。这些都是帝后生前卤簿的象征物。

俑也是专门用于随葬的器具,以代替人或动物殉葬。定陵随葬了大量的木俑,地宫后殿总共26个随葬品箱中,有7个用于盛放人俑,可惜绝大部分已腐朽。从保存较好者的衣冠服饰来看,身份主要是皂隶和宫内太监,但也不排除将军、品官,甚至平民各等级都有的可能性。动物俑则有马俑57件,没有镇墓类异形俑。

第八章　丧葬与祭祀

牵马与扛凳俑（明十三陵特区办提供）

帝后随葬有"册"，汉唐间一般写作"策"，分为"哀策"和"谥策"两种。哀策性质接近诔文，其文字重点在于称述逝者功德，表达哀慕之情；谥册的核心则在于记录墓主的定位与基本评价——庙号、谥号。《大明会典》《明实录》等文献记载，帝后大葬，棺椁入地宫安奉毕，依制陈设谥册、谥宝，而无哀册之制。定陵出土帝后谥册7副，其中檀香木质4副、锡质3副，上刻谥文。出土方形龙钮梨木谥宝4方，分属3位墓主。册宝多出那份，都是孝靖以贵妃身份初次下葬时的随葬品。还有一合墓志，也是随孝靖迁葬而来的。

还有一类物品，本身是日常物或实用器，因放在陵墓中而被赋予了特殊功能或意义，例如谷物、酒醴、梅瓶等。作为农耕文明发达的国度，中国用谷物随葬的习俗由来已久，所以谷仓、酒器等是古代考古中常见的器物。明代帝王陵墓发掘中有谷物随葬，但鲜有谷仓罐一类专用器物。如定陵三位墓主的外棺都散落有谷稻，推测原装在小袋中置于外棺之上，后因粮袋腐烂、棺板塌陷而散落。瓶、坛、罐之类在明代帝王陵墓中倒很常见，但未见装有酒醴的报告。定陵出土有八件青花带盖梅瓶，4件在万历外棺尾部左右两侧两两分布，两位皇后的外棺尾部左右两侧也各随葬1件。这里的梅瓶应该是葬仪，大概取"平安""平定"寓意，而非装酒醴的古俗。以上现象也说明，礼用异形专用明器在明代陵墓中已衰落，被实用器物所取代。

  最后再回到明孝陵，随葬品不外乎冠带服饰、生活用具、珠宝首饰、金银玉器、明器册宝这些。以朱元璋与马皇后终身不失布衣本色的个性，金玉的数量与质量应该比定陵会差许多，事实上，明初南京公主等皇室成员墓葬出土的随葬品也确实量少而简朴。当然，文物的价值不仅在于其经济或艺术属性，更重要的是填补相关空白，拓展既有研究，为典章制度等历史文献提供可靠的实物资料，这也是考古学所说的价值和盗墓者眼中价值的根本区别。

章外篇

明孝陵作为"祖宗根本重地"之所在,其地位自然极为重要。一方面,古人认为祖宗陵寝关系自己及家族(王朝)兴衰,这也是朱元璋、朱厚熜当了皇帝也不敢变动皇陵、显陵地下部分的原因;另一方面,抛开迷信思想,帝陵本身具有的政治影响力也不容低估,如清代明孝陵地面塌陷曾引起流言纷纷,康熙皇帝密令曹寅调查汇报等。故有明一朝,孝陵设有神宫监、祠祭署及孝陵卫,作为日常管理维护、运作及保护机构。

神宫监设立于洪武年间,迁都后为南京守备太监直辖,成员也由内官充任,负责陵园内的日常香火、洒扫、种植、饲养、维护等工作,维护包括诸如围墙修缮之类简单工程,大的维修则由南京工部主持。孝陵祠祭署为南京太常寺下属机构,受南京礼部监管,负责孝陵及懿文太子陵等奉祀事宜,包括牛、羊、猪等祭祀用品的供办。始设于建文元年,大概考虑到还承担父亲陵墓祭祀,故名钟山祠祭署,朱棣当政后更名为孝陵祠祭署。祠祭署设奉祀、祀丞各一人,奉祀多由勋贵充任,重大节日代天子主祭,祀丞负责日常具体组织工作。

孝陵卫也设于建文元年,下设五个千户所,早期约5 700人。朱棣不仅没改

徐渭拜孝陵诗意图

名或予以调整,还交代:"孝陵卫他是奉祀祖先的卫分,今后不要别项差使他。"这反而令事情更复杂了。孝陵卫本是南京17个亲军卫之一,归南京兵部调遣,但陵卫的性质加上成祖谕令,神宫监(内官)、奉祀官员(勋贵)便借机控制役使陵军,成了多方势力竞相觊觎的对象,最终几被瓜分殆尽。所谓的孝陵卫成部队,最终沦落为专供扫除栽种的军伍杂役。可能明清以来这片区域居民稀少,现当代则以大单位居多,地名相对稳定,所以至今附近还留有孝陵卫、左所村、五百户等地名遗存。

明代孝陵陵禁严格,称严刑峻法不为过之。比如《大明会典》规定:"凡擅入太庙门及山陵兆域门者,杖一百……守卫官故纵者,各与犯人同罪。失觉察者,减三等。""陵内失火者,杖八十,徒二年;延烧林木者,杖一百,流放二千里。""凡盗陵园内树木者,皆杖一百,徒三年,赃重者罪加一等。""凡盗大祀神御物者为大不敬,……皆斩。""凡谋毁山陵者为大逆",属于不赦的"十恶"之一,"不分首从,皆凌迟处死",还不用等到秋后,立即执行。

这些律例可不是虚文,相关案例亦不乏记载。如景泰七年(1456)八月,孝陵卫余丁(替补)张亚苟等人在孝陵山后挖古坟,淘古井,虽遇大赦也不能减免,张亚苟仍被处以绞刑,从犯杖一百,发边卫充军。弘治年间,南京守备太监蒋忠,在孝陵南二十余里开路,以破坏朝山风水论死。嘉靖年间,"民居有近孝陵者,以误杀苑中兽",一说误杀了长生鹿,虽有知县力争,仍被判死刑。隆庆三年(1569)十二月,南京神宫监太监王成采以盗伐孝陵树木论斩。崇祯年间,孝陵神宫监掌印太监张其蕴也因盗伐陵木伏诛。

除朝代鼎革及个别战乱时期,如明末清初陵园树木被居民砍伐,清兵及郑成功军队驻扎在孝陵时斫砍享殿缠裹金龙楠木殿柱外,孝陵建筑整体在1853年前还是受到了较好保护,尤其是康熙、乾隆皇帝先后谒陵11次,这对明孝陵政治地位的提高及地方的重视程度无疑起到了积极作用。雍正甚至根据康熙遗命,找出一位朱氏后人封为世袭一等侯,负责明陵的致祭。据溥仪的英文老师庄士敦在《紫禁城的黄昏》中记载,末代侯爷朱煜勋生活窘迫,而溥仪被逐出紫禁城后,他还千辛万苦筹措了几块钱旅费去天津觐见"故君",庄对其"忠清义举"大为感叹。

明孝陵遭到灭顶之灾是在太平天国攻占南京之役中。清咸丰三年(1853),钦差大臣向荣奏称,三月十三日鏖战终日,至夜,忽见钟山前五营一齐火起,孝陵享殿亦燃。"一齐火起"应该是被炮火击中,作为大型木结构建筑的享殿,燃烧起来自然易于判别,而其他砖石部分损毁在夜间便难以观察到了。1864年收复南京之后,清廷派曾国荃前往孝陵致祭并查勘兴修,奏折显示:陵宫门、碑殿、享殿、享殿前后门、屋宇墙垣等,"概行倾毁",重修需银20余万。同治《上江两县志》亦载:"癸丑之乱,享殿毁,龟亡。樵牧靡禁。合抱之木今皆濯濯。"

以前一般认为,太平天国对朱元璋不失崇敬,洪秀全曾亲率百官谒陵,还在祭文中自称"不肖子孙",奉明太祖为"吾皇","定鼎金陵"是"依吾皇遗烈"等。其实,此说最早出于1853年天地会伪托洪秀全所作《奉天承运皇帝诏》,1906年被黄世仲《洪秀全演义》进一步发挥,杜撰出《祭明太祖陵寝文》用于革命政治宣传。因《洪秀全演义》影响甚大,《祭文》遂被收入1931年出版的《太平天国诗文钞》(1934年修订本已删去),再被王焕镳当作史料收入《明孝陵志》,以至于后人误以为真。要说黄的作伪水平也不高,太平天国《钦定敬避字样》规定,"皇""帝"唯崇称天父可用,不得别用,即使洪秀全也不例外,哪会用来敬称朱元璋呢?再看看同治《上江两县志》中"樵牧靡禁"的记载,最基本的管理都没有,又谈何尊崇保护?

1927年,整座钟山被辟为中山陵园,明孝陵也被纳入其中,隶属陵园管理。在将陵园建设成为全国自然公园典范的思想指导下,由专家规划主持展开了全面绿化工作。梅花山被辟为植物园蔷薇花木区,石

**探谜 明孝陵**

象路以南被辟为果园、蔬圃。石象路以北则被辟为花圃,并建成温室两座。每年春秋佳日,中外人士来园者络绎不绝。

1949年,"百万雄师过大江",兴废几度的明孝陵迎来了全面保护和维修的时期。1961年,国务院公布明孝陵为第一批全国重点文物保护单位。1963年后,中央、省市各级政府多次拨款,对孝陵文物古迹展开修缮以及环境保护工作。1997年后,中山陵园管理局文物处与南京市文物研究所合作开展"明孝陵考古"课题,先后清理了陵宫门、享殿、东配殿、西配殿、神厨、具服殿、东井亭、西井亭、陵宫区东侧护墙壕以及明东陵等遗迹,按历史原貌恢复了陵宫门,并建成明东陵遗址公园,使明孝陵全部文物遗存向社会开放。2000年,为系统地开展研究与宣传展示工作,挂牌成立"明孝陵博物馆"。同年,随着明孝陵申报世界文化遗产工作正式启动,保护与管理又迈入了一个新的发展时期。

世界遗产申报是一项涉及面广、事关整个社会的系统工程。2002年,中共南京市委成立市一级领导小组,在相关部门的共同努力、社会各界的群策群力以及市民的热情支持参与下,投入巨大的人力、物力、财力和智力,对不符合世界遗产"真实性"和"完整性"要求的问题进行了大规模的综合整治。2003年7月3日,在法国巴黎召开的第27届世界遗产大会上,明孝陵经审议通过列入《世界遗产名录》。

明孝陵"申遗"成功,结束了古都南京没有世界遗产项目的遗憾,使之成为南京乃至全国人民的骄傲。两年后,南京市委、市政府启动钟山风景区环境综合整治工作。2005年下半年,随着整治一期工程完成,拆除了明孝陵周边前湖和铁匠营地区2 000多户居(农)民和十几家工企单位,一改往日污水横流、垃圾满地的脏乱差面貌。在此基础上退耕还林、拆迁还绿,恢复景观绿地2 000多亩,建成梅花谷等公园景点。加之建成开通内环路,这为明孝陵文物保护资源整合提供了难得的历史机遇和实施前提。

章外篇

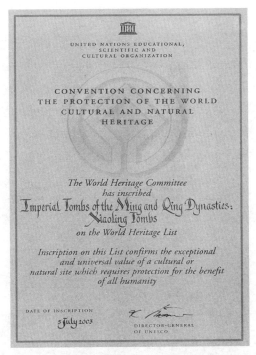

**明孝陵列入《世界遗产名录》证书**

自2005年8月至2009年5月,先后进行了翁仲路封闭改造,棂星门、四座井亭、两座神帛炉的重建,内红门加顶,升仙桥栏杆修复,以及明楼加顶保护等重大工程。同时建成下马坊遗址公园、明孝陵博物馆新馆、东吴大帝孙权纪念馆等文化设施,免费向公众开放。2012年至2022年,先后实施了碑亭加顶保护工程、大金门保护修缮工程、享殿加固修缮工程。另外,《明孝陵下马坊本体保护修缮设计方案》《明孝陵碑殿保护修缮方案》已获得江苏省文物局批复同意,即将实施。继2014年启动"南京明孝陵监测预警系统"项目之后,明孝陵世界遗产监测体系于2020年建成并投入运行。2021年以来,还启动了明孝陵文物安防工程及神功圣德碑亭、享殿防雷工程等文物预防性保护工作。

探谜明孝陵

今日陵宫区鸟瞰图

明孝陵规模宏大、序列完整，钟山之阴的功臣陪葬墓也是其整体格局之一。现已确定的有常遇春墓、吴良（吴祯）墓、李文忠墓、徐达墓、薛显墓、仇成墓，另有两座无名失考墓，从地表石刻遗留推断为明初功臣墓。据《明太祖实录》记载，赐葬钟山之阴的有常遇春、顾时、王简、王真、高显、何德、吴良（吴祯）、孙世、吕本、陈清、杨璟、梅思祖、潘原明、吴复、李文忠、徐达、薛显，时间跨度从洪武二年（1369）至洪武二十年（1387）。此后是否就不再赐葬钟山了呢？也不是。仇成死于洪武二十一年（1388）八月并被追封为皖国公，《明太祖实录》却没记其赐葬钟山之事。另据南京市博物馆考古资料，还有洪武二十二年（1389）二月的浙江都指挥使陆龄、同年五月的盖州卫指挥佥事王鉴、洪武二十三年（1390）的金吾前卫指挥佥事唐某入葬钟山，这些也都缺乏相应记载。更重要的是，不排除受党狱牵连而被平坟或删除历史记载的可能，如洪武十九年（1386）八月追封许国公赐葬钟山的王志。所以，究竟有多少功臣葬于钟山，恐怕难有确切答案。

综合已知赐葬功臣信息，其加入朱元璋队伍的时间先后不一，入葬时身份多在追封侯一级以上，但也不乏个别较低者。墓葬地点分布似乎没有进行过整体规划，少数有形成家族墓葬的现象。除了太常寺卿吕本、云南布政使潘原明是文臣外，其余都是武将，且吕本还是朱元璋的亲家、建文帝的外祖父，从中也反映出朱元璋重武轻文的一贯思想。

洪武年间，曾数次规定品官及庶民的坟茔规制。如《明太祖实录》中洪武五年（1372）规定："功臣殁后封王，茔地周围一百步，每面二十五步，坟高二丈四，围坟墙高一丈，石人四，文武各二，石虎、羊、马、望柱各二；一品茔地周围九十步，每面二十二步半，坟高一丈八尺，坟墙高九尺，石人二，文武各一，石虎、羊、马、石望柱各二。"功臣墓现存石刻虽完整程度不一，但规制大体如此，即石马、石羊、石虎各一对，文武石人两对或一对，唯原望柱与墓碑多有缺失，或许这与其身后遭党狱追论有关。

**民国早期徐达墓**

2003年,钟山之阴部分陪葬功臣墓已作为明孝陵的一部分列入世界文化遗产。如今,葬于中华门外的宁河王邓愈墓、佥都督李杰墓等,也作为明孝陵扩展项目明功臣墓,名列第六批全国重点文物保护单位,并被纳入《明孝陵总体保护规划(2018—2035)》。

# 主要参考资料

**官修古籍:**

[1]〔明〕《明太祖实录》,台湾历史语言研究所校印本。

[2]〔明〕《明太宗实录》,台湾历史语言研究所校印本。

[3]〔明〕《明仁宗实录》,台湾历史语言研究所校印本。

[4]〔明〕《明英宗实录》,台湾历史语言研究所校印本。

[5]〔明〕《明孝宗实录》,台湾历史语言研究所校印本。

[6]〔明〕《明世宗实录》,台湾历史语言研究所校印本。

[7]〔明〕《明神宗实录》,台湾历史语言研究所校印本。

[8]〔明〕礼部纂修:《洪武京城图志》,南京出版社 2010 年版。

[9]〔明〕嘉靖《南畿志》(北京图书馆古籍珍本丛刊),书目文献出版社 1990 年版。

[10]〔明〕李东阳等撰、申时行等重修:《大明会典》,广陵书社 2007 年版。

[11]〔清〕张廷玉等撰:《明史》,中华书局 1974 年版。

[12]〔清〕《清圣祖实录》,中华书局 1986 年版。

[13]〔清〕《清高宗实录》,中华书局 1986 年版。

[14]〔清〕《清朝文献通考》,浙江古籍出版社 1988 年版。

[15]〔清〕康熙《江宁府志》,《金陵全书》本,南京出版社 2011 年版。

[16]〔清〕同治《上江两县志》,《中国地方志集成》本,江苏古籍出

版社 1991 年版。

［17］〔清〕光绪《溧水县志》,《金陵全书》本,南京出版社 2013 年版。

**私家古籍:**

［1］〔南朝梁〕释慧皎撰、汤用彤校注、汤一玄整理:《高僧传》,中华书局 1992 年版。

［2］〔明〕徐祯卿:《翦胜野闻》,明沈节甫编《纪录汇编》本,上海商务印书馆 1938 年影印明万历刻本。

［3］〔明〕谈迁:《国榷》,北京古籍出版社 1958 年版。

［4］〔明〕沈德符:《万历野获编》,中华书局 1959 年版。

［5］〔明〕朱国祯:《涌幢小品》,中华书局 1959 年版。

［6］〔明〕李清:《三垣笔记》,中华书局 1982 年版。

［7］〔明〕张瀚:《松窗梦语》,中华书局 1985 年版。

［8］〔明〕王世贞:《弇山堂别集》,中华书局 1985 年版。

［9］〔明〕顾起元:《客座赘语》,中华书局 1987 年版。

［10］〔明〕朱国祯:《皇明史概》,江苏广陵古籍刻印社 1992 年版。

［11］〔明〕徐学聚:《国朝典汇》,北京大学出版社 1993 年影印本。

［12］〔明〕郎瑛:《七修类稿》,上海书店出版社 2001 年版。

［13］〔明〕谈迁:《枣林杂俎》,中华书局 2006 年版。

［14］〔明〕葛寅亮撰、何孝荣点校:《金陵梵刹志》,天津人民出版社 2007 年版。

［15］〔明〕张岱:《陶庵梦忆》,中华书局 2007 年版。

［16］〔明〕周晖:《金陵琐事·续金陵琐事·二续金陵琐事》,南京出版社 2007 年版。

［17］〔明〕陈沂:《金陵古今图考》,南京出版社 2010 年版。

［18］〔明〕俞本撰、李新峰笺证:《纪事录笺证》,中华书局 2015

年版。

[19]〔明〕王圻、王思义编集:《三才图会》,上海古籍出版社 1986 年版。

[20]〔清〕徐乾学:《读礼通考》,江苏书局光绪七年版。

[21]〔清〕傅维鳞:《明书》,商务印书馆 1936 年版。

[22]〔清〕计六奇:《明季南略》,中华书局 1984 年版。

[23]〔清〕查继佐:《罪惟录》,浙江古籍出版社 1985 年版。

[24]〔清〕顾炎武:《肇域志》,上海古籍出版社 2004 年版。

[25]〔清〕甘熙:《白下琐言》,南京出版社 2007 年版。

[26]〔清〕徐寿卿:《金陵杂志·金陵杂志续集》,南京出版社 2013 年版。

**今人著作:**

[1]〔民国〕王焕镳:《明孝陵志》,南京出版社 2006 年版。

[2]〔民国〕《总理陵园管理委员会报告》,南京出版社 2008 年版。

[3]《中山陵档案史料选编》,江苏古籍出版社 1986 年版。

[4]中国社会科学院考古研究所等:《定陵(上下)》,文物出版社 1990 年版。

[5]马炳坚:《中国古建筑木作营造技术》,科学出版社 1991 年版。

[6]陈学霖:《明代人物与传说》,香港中文大学出版社 1997 年版。

[7]陈宝蓉:《清西陵纵横》,河北人民出版社 1998 年。

[8]梁思成:《中国建筑史》,百花文艺出版社 1998 年版。

[9]王毓铨:《中国通史》第九卷《中古时代·明时期(上下)》,上海人民出版社 1999 年版。

[10]何兹全:《中国通史》第五卷《中古时代·三国两晋南北朝时期(上下)》,上海人民出版社 2000 年版。

[11]杨宽:《中国古代陵寝制度史研究》,上海人民出版社 2003

年版。

[12] 李万贵:《清东陵》,黑龙江美术出版社2003年版。

[13] 那凤英:《清西陵探源》,河北科学技术出版社2004年版。

[14] 刘毅:《明代帝王陵墓制度研究》,人民出版社2005年版。

[15] 周钰雯:《南京明孝陵之谜》,南京出版社2006年版。

[16] 张海林:《端方与清末新政》,南京大学出版社2007年版。

[17] 周红梅:《明显陵80问》,中国文化出版社2007年版。

[18] 孙泓洁等:《清西陵和它的守望者》,河北美术出版社2008年版。

[19] 余金保等:《世界遗产文化丛书——明孝陵》,东南大学出版社2008年版。

[20] 王鹏善:《钟山志》,南京出版社2009年版。

[21] 吴晗:《朱元璋传》,陕西师范大学出版社2010年版。

[22] 明孝陵博物馆:《明孝陵史料汇编(上下)》,中国文史出版社2010年版。

[23] 周红梅:《明显陵探微》,中国素质教育出版社2011年版。

[24] 王鹏善:《钟山记忆》,南京出版社2012年版。

[25] 胡汉生:《明十三陵研究》,北京燕山出版社2013年版。

[26] 卢海鸣等:《金陵物语》,南京出版社2014年版。

[27] 刘大可:《中国古建筑瓦石营法》,中国建筑工业出版社2015年版。

[28] 朱偰:《金陵古迹名胜影集》,中华书局2015年版。

[29] 中国科学院自然科学史研究所:《中国古代建筑技术史》,中国建筑工业出版社2016年版。

[30] 向阳鸣:《明孝陵》,东南大学出版社2016年版。

[31] 任青:《明孝陵史话》,南京出版社2017年版。

[32] 〔日〕冈田英弘、神田信夫、松村润:《紫禁城的荣光:明清全

史》，社会科学文献出版社2017年版。

[33] 臧卓美：《漫读明孝陵》，南京出版社2018年版。

[34] 邵磊：《南京历代陵墓》，南京出版社2019年版。

[35] 王韦：《旧影新说明孝陵》，南京出版社2020年版。

[36] 范金民、杨国庆等：《南京通史·明代卷》，商务印书馆2021年版。

[37] 胡汉生：《试论明代帝陵制度的传承与演进》，载《中国紫禁城学会论文集（第二辑）》，紫禁城出版社2002年版。

[38] 胡汉生：《论明代帝陵宝城明楼制度的形成及其在清代的嬗变情况》，载《明清皇家陵寝保护与发展研讨会论文集》，北京燕山出版社2007年版。

[39] 冯景：《明十三陵祭品考述》，载《第十七届明史国际学术研讨会暨纪念明定陵发掘六十周年国际学术研讨会论文集（下册）》，北京燕山出版社2018年版。

[40] 张海英：《明孝陵文化的历史底蕴——从明成祖朱棣生母之谜谈起》，载南京大学文化与自然遗产研究所等编《世界遗产论坛（二）——世界遗产与城市发展之互动》，科学出版社2006年版。

[41] 王岩：《定陵出土文物与明史研究》，载《明清皇家陵寝保护与发展研讨会论文集》，北京燕山出版社2007年版。

[42] 陈怀仁等：《明皇陵的管理机构：祠祭署》，载《第八届明史国际学术讨论会论文集》，湖南人民出版社2001年版。

[43] 罗晓翔：《制度史视角下的明代皇家陵寝——以孝陵为中心》，载《第十七届明史国际学术研讨会暨纪念明定陵发掘六十周年国际学术研讨会论文集（下册）》，北京燕山出版社2018年版。

**学术论文：**

[1] 姚亦锋：《虎踞龙蟠的地理格局与南京城市景观探讨》，载《中

国园林杂志》2006年第2期。

［2］权伟:《明初南京山水形势与城市建设互动关系研究》,陕西师范大学硕士学位论文,2007年。

［3］冯继仁:《论阴阳勘(堪)舆对北宋皇陵的全面影响》,载《文物》1994年第8期。

［4］刘宗意:《孙权陵在梅花山吗》,载《江苏地方志》2000年第4期。

［5］程杰:《民国时期中山陵园梅花风景的建设与演变》,载《南京社会科学》2011年第2期。

［6］承名世:《朱元璋的两通军令——兼论清人的烦琐考证》,载《文物》1976年第7期。

［7］郭福祥:《明清帝王花押印谈略》,载《紫禁城》1994年第6期。

［8］马顺平:《〈明太祖御笔〉代笔考》,载《中国国家博物馆馆刊》2012年第6期。

［9］马顺平:《明太祖传世法书考》,载《中国国家博物馆馆刊》2013年第2期。

［10］王照宇:《明太祖墨迹〈吴王手谕卷〉考辩》,载《中国美术》2013年第5期。

［11］刘毅:《明"东陵"考索》,载《紫禁城》2014年第A1期。

［12］陈皓渝:《汉朝至清朝帝后谥号风格分析》,载《问学》2021年第25期。

［13］刘毅:《中国古代帝王陵墓碑制探析》,载《南开学报(哲学社会科学版)》2012年第5期。

［14］刘慧等:《说龟与赑屃》,载《民俗研究》2003年第4期。

［15］项长兴:《明孝陵弃碑——龟趺石》,载《江苏地质》2003年第4期。

［16］陈薇等:《南京阳山碑材巨型尺度的历史研究》,载《时代建

筑》2015年第6期。

[17] 阮荣春:《论明代祖陵、孝陵神道石刻之时代》,载《考古与文物》1986年第2期。

[18] 秦浩:《明孝陵神道石象(像)生考》,载《东南文化》1987年第3期。

[19] 丁宏伟:《明孝陵神道演变考》,载《东南大学学报》1996年第26卷第6B期。

[20] 吴东升:《论明孝陵神道石象(像)生的艺术风格》,南京大学硕士学位论文,2012年。

[21] 夏寒:《试论明皇陵、孝陵神道石刻制度的形成》,载《中国国家博物馆馆刊》2013年第3期。

[22] 刘毅:《明凤阳皇陵神道石刻研究》,载《文物》2014年第5期。

[23] 恩子健等:《万历帝后葬式分析》,载《北京文博文丛》2015年第1期。

[24] 王云:《明代官场服饰述论》,载《聊城师范学院学报(哲学社会科学版)》1994年第1期。

[25] 王双怀:《"十二金人"考》,载《陕西师范大学学报(哲学社会科学版)》1996年第3期。

[26] 许秀娟:《麒麟文化的变迁与中外文化交流发展的关系》,暨南大学硕士学位论文,2003年。

[27] 吴卫:《赑屃驮碑考窥》,载《求索》2005年第4期。

[28] 兰佳丽:《龙子"赑屃"得名考》,载《汉字文化》2006年第5期。

[29] 李小虎:《〈明史·舆服志〉中的服饰制度研究》,天津师范大学硕士学位论文,2009年。

[30] 魏欣:《是龟驮碑还是赑屃驮碑——兼论赑屃与龟崇拜》,载

《群文天地》2011年第22期。

［31］庞希云等:《文化传递中的想像与重构——中越"翁仲"的流传与变异》,载《上海师范大学学报(哲学社会科学版)》2013年第2期。

［32］王莉:《说"翁仲"》,载《甘肃广播电视大学学报》2015年第5期。

［33］郑艺鸿:《明十三陵石刻武将服饰研究》,载《艺术设计研究》2019年第1期。

［34］郑艺鸿:《明代帝陵石刻云禽纹饰研究》,载《山西大同大学学报(社会科学版)》2019年第6期。

［35］邵小燕:《南京地区明代石翁仲及相关问题研究》,南京师范大学硕士学位论文,2019年。

［36］徐冉:《明代品官朝服探析——以孔府旧藏衍圣公朝服为例》,载《文物天地》2021年第12期。

［37］刘毅:《宋代皇陵制度研究》,载《故宫博物院院刊》1999年第1期。

［38］刘毅:《明清皇陵制度比异》,载《北方文物》1999年第2期。

［39］何宝善:《论明代帝陵的更制与嬗变》,载《第七届明史国际学术讨论会论文集》,东北师范大学出版社1999年。

［40］刘毅:《明代皇陵陵园结构研究》,载《北方文物》2002年第4期。

［41］李恭忠:《康熙帝与明孝陵:关于族群征服和王朝更替的记忆重构》,载《南京大学学报(哲学·人文科学·社会科学)》2014年第2期。

［42］潘梦瑶:《南京明孝陵陵宫区建筑遗址的测绘推测研究》,载《住宅与房地产》2018年第11期。

［43］邵磊:《近百年来对明孝陵研究的回顾与反思》,载《中国史研究动态》2021年第1期。

[44] 姚进庄：《明清两代陵墓的石供桌》，载《古代墓葬美术研究（第二辑）》2013年。

[45] 王朝霞：《明清帝陵中石五供的礼仪制度初探》，载《碑林集刊（二十）》2014年。

[46] 刘泳斯：《再议明教与大明国号的关系——试析元末"白莲教"起义与明王信仰》，载《世界宗教文化》2020年第2期。

[47] 徐泓：《"大明"国号与刘基》，载《浙江工贸职业技术学院学报》2022年第1期。

[48] 史箴：《清代帝陵的哑巴院和月牙城》，载《故宫博物院院刊》2007年第2期。

[49] 郭华瑜：《南京明孝陵方城明楼保护设计：兼论中国文物建筑保护中的真实性原则》，载《建筑与文化》2008年第12期。

[50] 郭华瑜：《南京明孝陵明楼建筑形制研究》，载《建筑史》2009年第2期。

[51] 范星盛：《明楼建制渊源考》，载《草原文物》2018年第1期。

[52] 周红梅等：《明显陵圣号碑浅析》，载《江汉考古》2019年第A2期。

[53] 化蕾：《明十三陵的清明"上土仪"》，载《紫禁城》2007年第4期。

[54] 陆建松：《明代丧葬文化考》，复旦大学博士学位论文，2000年。

[55] 赵轶峰：《明代的遗诏》，载《西南大学学报（社会科学版）》2010年第1期。

[56] 池雪丰：《明代丧葬典礼考述》，浙江大学硕士学位论文，2013年。

[57] 张林华：《〈大明会典〉丧葬词语研究》，暨南大学硕士学位论文，2019年。

［58］王剑：《明懿文太子陵陵祭逾制考论》，载《历史研究》2011年第6期。

［59］高寿仙：《明懿文太子陵祭礼异常问题探微》，载《北京大学学报(哲学社会科学版)》2015年第5期。

［60］赫剑竹：《幽明难隔：明代帝后陵祭祀研究》，东北师范大学硕士学位论文，2021年。

［61］王其享：《清代陵寝地宫金井考》，载《文物》1986年第7期。

［62］胡汉生：《明定陵玄宫制度考》，载《故宫博物院院刊》1989年第4期。

［63］保定地区文物管理所等：《清西陵崇陵地宫清理简报》，载《文物春秋》1990年第2期。

［64］徐广源：《清陵地宫内的金井》，载《紫禁城》1992年第2期。

［65］王谦身等：《微重力方法在考古工程中的应用——明茂陵地下陵殿探查》，载《地球物理学进展》1995年第2期。

［66］刘毅：《明代亲王陵墓玄宫制度研究》，载《华夏考古》2010年第3期。

［67］刘毅：《浅论清陵地宫制度的形成》，载《沈阳故宫博物院院刊》2015年第2期。

［68］刘毅：《帝王陵墓之册、宝、志探析》，载《东南文化》2012年第5期。

［69］刘毅：《明代皇族棺制研究》，载《南方文物》2017年第2期。

［70］刘浦江：《太平天国史观的历史语境解构：兼论国民党与洪杨、曾胡之间的复杂纠葛》，载《近代史研究》2014年第2期。

［71］钱锡仁：《论南京明代功臣墓石刻艺术》，载《中国国家博物馆馆刊》2014年第11期。

# 后 记

大概两三年前初列本书目录的时候,我还胸有成竹地以为一年完成问题不大。因为我参与编写或主编过的明孝陵各类著述已不下20部,写一本普及读物又有何难?当然,重复以往"陈词滥调",浪费读者时间和金钱,我主观上是不愿为之的,况且一直激励自己写出一部全面有所突破的著作。孰料,走出"舒适区"后越来越耗神耗时。沉浸在材料的汪洋大海中,让人茫然不知何处何时是尽头。鲜有收获时,一天读数篇论文,看几万字资料,键盘敲下的不过数百字。有新史料发现或得出新结论时,又需系统修订或推翻之前的观点,重新完善逻辑性与自洽性,所涉章节内容也需——梳理厘正。清晨到凌晨周而复始,个中艰辛,不啻浴火重生。在此感谢中山陵园管理局汪东明局长、廖锦汉副局长,以及任青馆长对本书的重视与厚爱,正是他们"质量为先"的要求,才得以让我按照自己的标准坚持到现在。

作为明代帝王陵墓系统研究的开创者,南开大学刘毅教授、明十三陵系统研究集大成者胡汉生研究员的著作是从事相关研究绕不过去的必读书籍,使我从中获益良多,在此特表示敬意与谢意!同时,感谢明显陵周红梅研究员的相关著述,清东陵李寅研究员百忙中的抽空指导!尤其是清西陵徐国良先生,获悉我需要一些材料后,热情地给我寄来了6本相关书籍,令我非常感动!

自毕业到明孝陵博物馆从事研究,再到中山陵园管理局宣教处与媒体打交道,再回到博物馆研究岗位,从参编《南京明孝陵之谜》到主笔《探谜明孝陵》，一圈下来18年了。感谢这一路上博物馆周钰雯馆长、宣教处廖南处长、李敏处长、梅宁处长、任青馆长在本人工作生活上给予的关心与帮助，正是她(他)们以及这段轮回的经历让我少了些学究的"八股气"，更注重理论知识与工作实践相结合、专业知识与景区实际相结合、文史研究与大众传播相结合。感谢博物馆前辈向阳鸣研究员，从事明孝陵考古多年的路侃先生，他们所做的基础性工作至今惠及后人。同事王广勇以广博学识及丰富藏书为我提供了极大帮助，同事臧卓美则在考古古建、域外文献方面对我多有启发，同事陆宁在图片收集方面亦出力甚多，在此一并致谢！感谢梅宁、贲放两位摄影大师的精美图片，以及中山陵园摄影前辈童天立、屠国啸留下的景区图库！感谢本书责编马伟先生，书稿虽一再拖延，仍耐心尽心安排好各个出版环节！

感谢妻子朱茜女士，我们和普通双职工一样每天需要忙娃忙工作忙日常，但她却为交流分享史料中的趣事与阅读心得营造了良好的家庭氛围，虽然孩子跟我们学到的多是些无用的"稗史杂谈"，却也乐在其中。挂一漏万，最后感谢那些同样关心本人本书，可爱可敬却没有提到名字的人们！

科普类读物中通俗性与准确性之间的矛盾，本书亦不可避免，一般情况下以准确优先，专业晦涩处予以简单解释，若造成阅读不畅，感觉与《探谜明孝陵》之名不符，还请读者见谅！书中不少考证推理与一家之言，难免枯燥乏味及失之偏颇，谬误之处更待读者批评指正！本书作为明孝陵"申遗"成功20年的一份贺礼，同时也是我从事相关研究18年的一份答卷，至于及格与否，敬请读者判定！

王 韦

2023年7月